Autopoiesis

An Introduction to
the Mechanisms of Self-creation
in Living Beings and Organizations

Dr. Clemens Dachs

Imprint

Bibliographic information of the German National Library: The German National Library lists this publication in the German National Bibliography; detailed bibliographic data are available on the Internet at http://dnb.dnb.de.

Production and publisher: BoD - Books on Demand, Norderstedt

ISBN: 978-3-7562-0567-7

Preface

In recent decades, many people perceive that changes in professional life are accelerating. The world is becoming more and more interconnected and complex. Everything seems to be connected to everything else.

Because of these changes, decisions are becoming increasingly decentralized. Employees are being given entrepreneurial responsibility. Companies expect their employees to demonstrate the same level of self-organization as self-employed people.

What self-organization skills do you need? How do you acquire them? New patent remedies are constantly being formulated in the popular forums, or old ones are being reformulated.

How can one orient oneself in the constantly growing number of methods? Is there a common logical basis that helps one to arrange this knowledge systematically? Is there something like a map?

Unfortunately, there are countless of these maps. They are called frameworks: Agile frameworks, the well-known ISO9000 quality management systems and many books that have discovered 7 principles of success for themselves or compile the top 10 rules. But these frameworks are again arbitrarily cut. Sometimes they complement each other, sometimes they contradict each other.

So, what can be taken as a stable basis for systematically classifying new knowledge?

My suggestion: If you want to have sustainable success, then use the blueprint of living beings! You have heard correctly. Living beings are extremely successful systems that can grow and thrive. That is exactly what your organization is supposed to do.

This book explains step by step how living beings achieve this growth and how you can transfer this to your organization. At the end of the book, you have a map in which you can locate many methods and evaluate their contribution to the overall system.

Of course, even a work about "autopoiesis" does not come into being by itself. Therefore, I would like to thank the many people who believed in me and supported me in writing.

First and foremost, special thanks go to my family, who have supported me in my research and writing for 8 years now. I also thank my friend and co-author Moritz Hornung for the many discussions around autopoiesis and our joint work on the novel "Cell Culture". A special thanks still goes to my old school friend Martin Heider, with whom I studied and founded a company. We share countless common experiences.

In addition, there are many other supporters who have accompanied and inspired me in the development and publication of the ideas. Unfortunately, I can only briefly mention a few by name here and thank them:

Katharina Beumelburg, Conny Dethloff, Michael Frahm, Christoph Fuchs, Matthias Hümmer, Hermann Kirchberger, Jürgen Kirsch, Stephan Klein, Mona Maidorn, Wolfram Müller, Martin Pfiffner, Eberhard Schlücker, Ralf Spateneder, Englbert Westermeier.

Enjoy reading,

Clemens Dachs

Dedication

For Cornelia, Felix, Regina, and Valentin

Table of contents

1 Introduction

In systems theory, there is an almost magical concept:

Autopoiesis

A system is its self- ("auto") created work ("poiesis"). It is able to produce itself. It is able to grow.

This is precisely the central common characteristic of all living beings. A cell grows and thrives because it can create itself. Many other properties of living beings are based on this central property. Without autopoiesis, there is no life. Without understanding autopoiesis, no understanding of growth.

A very short history of autopoiesis

The fascination probably goes back far into the past. Even in ancient times, it was clear to everyone that living beings were different from inanimate objects. One distinguished between inanimate nature, the plants, the animals, and the humans. But it was unclear what caused this difference. It was only in the last centuries that the mystery was discovered. In the microscope one recognized that all living beings consist of cells. In the course of time, not only the structure of the cells was understood, but also more and more how they function. The big breakthrough, however, came in the 20th century with the discovery of DNA. In the meantime, the genome of E. coli bacteria, brewer's yeast and nematodes has been decoded. There are detailed maps of metabolism that describe every single molecule and every reaction. This knowledge about living beings is virtually exploding.

As early as the 1960s, Umberto Maturana and Francesco Varela recognized that there are other self-creating systems besides cells. In their work "Autopoiesis and Cognition" they described that not only a cell can create itself, but also that consciousness creates itself.[1] They coined the term "autopoiesis". A system is its own ("auto") created work ("poiesis"). What is special about this is the abstraction of the concept of self-creation. Now it was no longer about the concrete understanding of biological life, or about the understanding of mind, but about the abstract laws of self-creation behind it. Maturana and Varela recognized that self-creation is the result of a certain system dynamics, a positive feedback loop.

Autopoiesis also had a great influence on the neurocyberneticist Stafford Beer. He wanted to understand the human nervous system, derive principles, and apply them to organizations. In his Viable System Model, he described what the regulation of a distributed living system looks like. From his point of view, this regulation consists of five systems that are interconnected in a certain way. The lowest system 1 should be autopoietic, and thus responsible for self-creation and growth. However, he did not explain how exactly this autopoiesis should be realized. At that time, this seemed irrelevant for the understanding of the scheme. It remained in the Viable System Model a central mechanism but at the same time an impenetrable black box.[2] Despite the unclear autopoiesis, the model is used very successfully today in the design of organizations.[3]

Maturana and Varela's idea was later taken up by sociologist Niklas Luhmann. He recognized that there are other self-creating systems. Social systems such as organizations also create themselves. They too are autopoietic. While biologists describe the self-creation of living beings in the physical world and psychologists study the self-creation

---

[1] See (Maturana & Varela, 1980)
[2] See (Beer, Brain of the firm, 1995) and (Beer, Diagnosing the system for Organisations, 1990)
[3] See (Pfiffner, 2020) and (Frahm & Rahebi, 2018)

of the mind, he saw the task of sociologists as understanding the self-creation of social systems in the world of communication. He wrote that nothing in sociology made sense unless it was viewed in the light of autopoiesis. For him, this insight was so central that he called all his previous research a null series. This watershed is known as the autopoietic turn.

In Luhmann's later lecture in 1991, documented in Introduction to Systems Theory, he reflected, "I think that the notion of autopoiesis and autopoietic systems are at once underestimated and overestimated. They are underestimated in the radical nature of the approach." Sobered, he added, "On the other hand, the gain in knowledge is extraordinarily small. One has to emphasize that, especially in a sociological context. Actually, you can't explain anything with autopoiesis." [4]

The central problem

This very short history shows the dilemma. Autopoiesis is a central concept because it explains why a system is alive. On the other hand, it is far from clear what autopoietic systems must be like. Do they have a particular system architecture? What must a system do to be autopoietic? The answers to these questions are anything but obvious.

Imagine you are asked to design a robot that can make an exact copy of itself. What should such a robot look like. You will realize after a moment's thought that you are faced with a chicken-and-egg problem.[5]

---

[4] See (Luhmann & Baecker, Einführung in die Systemtheorie, 2017)
[5] Building self-replicating robots and nanite swarms is described very entertainingly in science fiction novel "Der Herr Aller Dinge" by Andreas Eschbach. Brilliant book!!!

First of all, you do not know what components this robot must consist of. Consequently, you also cannot tell how to make these components. It is therefore unclear which tools are needed for it. But these tools would again have to be part of the robot itself. After all, it should be able to create itself.

In short, if you don't understand the components of the system, you can't say anything about how it works. If you can't say anything about how it works, then you don't know which components you need. It's a chicken-and-egg problem. So how do you solve that?

The approach

Perhaps the goal of building a self-replicating robot is just too ambitious. So, let's start as simple as possible first.

Biology has developed rapidly since the time of Maturana, Varela, Beer and Luhmann. Cells are much better understood today than they were 50 years ago. The knowledge of molecular biology is available to all of us in the age of the Internet[6] .

We only have to examine the findings of biology very precisely in the smallest steps. In doing so, we start at the very bottom with the cell. It is obviously capable of creating itself. However, the focus is not on the structural design of the cell, but on its functions. What contribution does each function make to the ability to self-create? How do these functions all depend on each other? A system of general design principles will then emerge from this investigation that can also be applied to organizations.

Assumptions about you

---

[6] The translations of the book are based primarily on (Alberts, et al., 2015)

First of all, congratulations! You obviously have a very high capacity for abstraction if you are interested in autopoiesis. The subject is certainly not easy to understand. Even the books by Maturana & Varela, Beer and Luhmann require some concentration.

In this book, a little bit of molecular biology is also added. After all, you want to understand the mechanisms of the cell in more detail. There are probably some topics that are new to you. That's exactly what's good. You have the healthy curiosity to get involved in an exciting and important topic. Anything you don't know, you can just look up in Wikipedia. In return, you will be rewarded at the end with a deeper understanding of autopoiesis.

Structure of the book

My goal is to give you a brief introduction to the subject that you can read in a few hours. You probably have a stack of books in the queue anyway. So by being deliberately concise, you can easily put this book at number one on your list. I hope that the topic will then inspire you enough to look at the next books from a new angle.

As a first main goal I want to show you clearly with which mechanisms autopoiesis can be realized. Secondly, I want to show how you can transfer these general principles to organizations and how to introduce them practically step by step. In doing so, we will proceed as follows:

In **Chapter 2** we will look at the self-creation processes in 25 translations. In each of these translations, we will look at the mechanisms of the cells and formulate a general design principle from them. We will then apply this to organizations.

In **Chapter 3,** we summarize the key elements of system dynamics, use them to develop a functional model of the organization, and use them to derive key capabilities that everyone should develop. We then look at how the system can be used recursively to apply it to large organizations.

Chapter 4 then deals with how you can practically introduce such a living organization step by step. A detailed explanation would unfortunately go beyond the scope of this short introduction. Nevertheless, you will get a first idea of how this can be practically applied.

Chapter 5 then gives a very brief summary and two book tips for further reading.

Motivated? Then let's get started right away ...

2   Mechanisms of Self-creation

A small warning beforehand: Autopoiesis is not a collection of independent principles that one can use or not. So we are not creating a toolbox in which we collect everything that might be used someday. That might be easier for application, but it doesn't work for a simple reason:

Autopoiesis is emergent behavior of a system that consists of multiple components that all must fit together precisely.

The following principles all build on each other step by step. At the end, one should not only understand the individual principles, but also have a first intuition why their sum must lead to the autopoietic behavior. It will then also become clear what would happen if one were to omit individual parts.

In the following translations, we will always proceed in three steps. First, we will look at the problem that living beings face and how they solve it. In the second step, we will derive an abstract design principle. We will then interpret this for organizations in the third step.

One last comment on the principles. The principles in this book are to be understood as design principles for living systems. If you are interested in general principles of systems theory, which are more like natural laws for systems, then I can recommend the book Grammar of Systems. But only after you have finished reading this book (you know: work-in-progress limitation ...).[7]

---

[7] See (Hoverstadt, 2022)

2.1 Self-creation

Living being

What does it mean that a living being can create itself? It means that all its components are the result of its own processes. This is exactly what autopoiesis means.

In the case of a cell, this means that all complex molecules such as proteins, DNA, carbohydrates, and fats can be produced by the chemical reactions of the cell itself. If the cell can produce all these molecules, of which it is currently composed, in a certain time, then it has gross growth. Of course, molecules decay again and have to be replaced. So, the net growth is lower. The growth of the cell can be quantified as the time needed to reach a net growth of 100%. This would be the duration of a doubling.

Cells now have three basic mechanisms. They have self-creation processes to realize gross growth. They have protective processes to slow down decay, and thereby realize more net growth. In addition, they have adaptation mechanisms to adjust these mechanisms to the current situation.

Principle

A Viable System must contain processes that can create the components of the system, prevent their decay, and adapt their behavior to the changing environment.

When self-creation is faster than decay, a growing system is created. If both are balanced, then the system can renew itself without growing. If the components of the system decay faster than they can be built, then the system decays.

Figure 1 Mechanisms of self-creation

Organization

What does this mean for an organization? The roles in the organization, the furniture and tools, the know-how, the relationships with customers are all components of the organization. If an organization wants to grow, it needs more people, more tools and more customers. The processes that can create these factors are therefore the growth processes.

Protection processes ensure that resources are not lost. That is why there is cyber security or fire protection. The organization also tries to prevent good employees from quitting. All this doesn't create anything new, but it slows down the decay.

Other processes, such as controlling or strategic planning, create nothing and they protect nothing. They serve, on the other hand, to adapt to the changing world.

We will see below exactly how a living being realizes these tasks.

2.2 Processes

Living being

What exactly does a cell consist of? What must be built by the cell? The cell consists of macromolecules such as proteins, fats, carbohydrates, and nucleic acids, but also of small molecules such as water or ions. Some of the molecules are also found in the inorganic environment, others are built by the living being itself or by other cells - through chemical reactions.

So for a cell there are exactly three possibilities: either the required molecules exist, or they do not exist. If they do exist, they can be in the right place or in a different place.

If the molecule is already in the right place, the cell has nothing to do. Everything fits. In the second case, the cell must first move the molecule in space. However, the molecule is not changed in the process, but only moved in space. This can happen by Brownian molecular motion or by a directed transport to the target location.

In the third case, the cell must produce the molecule through a chemical reaction. This chemical reaction needs reactants, which it can convert into a product - all at the same place. This is also the reason why molecules are moved, and it also explains what the right place is.

Principle

Viable systems have processes that integrate existing components of the environment into the system.

Viable systems have processes that can transform existing components and thereby create new components.

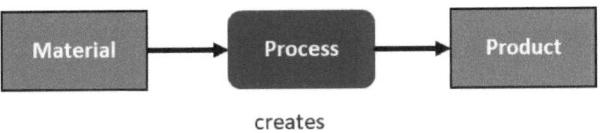

creates

Figure 2 Processes create new components

Organization

An organization consists of many factors. There are employees, tools, furniture, money, documents and many other factors. Some of the components originate outside the organization. The employees come from the labor market, the tools and the material come from suppliers. Other factors like the know-how or documents are created by the organization itself.

Here, too, there are two types of business processes. One imports already existing factors from outside. The others change the factors. Moving physical objects, for example, is the job of logistics. Creating physical objects is the task of production.

A similar distinction can be made with the non-physical objects. There is only one question: Is something newly created or is something already existing moved? This is no longer so easy to answer with non-physical objects. Information can also be copied, for example. Thereby neither new data carriers are created nor a new information, but a new relationship between them.

But let's put these subtleties behind for now. We will first look at the creation of new components.

2.3 Catalysis

Living being

How does a cell manage to have certain chemical reactions take place and produce its macromolecules? The answer is, first of all, that the reactions also take place in the inorganic environment. As soon as the right reactants are in the right place, they can react. However, these reactions usually proceed much too slowly.

The special feature of the cell is that it manages to accelerate the speed of these chemical reactions billions of times - by means of biocatalysts: enzymes and ribozymes.

Enzymes are proteins that have catalytic properties, i.e. they can accelerate reactions. How does this acceleration work? Enzymes have a very specific shape to which the reactants of a reaction can attach themselves. They are then in the best possible position to combine to form the product. In this way, enzymes increase the probability of reaction. At the end of the reaction, the enzymes remain unchanged and can catalyze the next reaction.

Ribozymes are RNA molecules with the same property. They, too, can accelerate processes.

Principle

A viable system must therefore contain components that act as catalysts and accelerate the processes of the system. If each process of the system is to be accelerated by the system itself, each process needs a suitable catalyst.

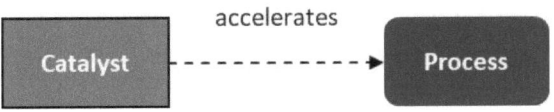

Figure 3 Catalysts accelerate processes

Organization

What accelerates the processes in an organization? What are the catalysts? It is the "best working conditions". If not only the material is available for a task, but also motivated, competent employees with the best tools are ready, if the procedure is clear and the environment is also right, then processes naturally run faster than if one of the factors is missing. The best working conditions are the catalyst for business processes.

In Lean Production there are the success factors: Man, Machine, Material, Method, Milieu. For each process it is examined which factors are needed. Within the framework of work preparation, the factors are created and perfectly provided. As a result, processes run faster.

A similar method is the fishbone diagram, which examines the success factors for a process. Here, too, the end goal is to create the best working conditions for a process.

But how often do you have the best working conditions? In most organizations, this is the exception rather than the rule. How can you make it so that you always have the best working conditions? That would certainly explode efficiency.

2.4 Autocatalysis

Living being

In the cell, not only some but all chemical reactions are accelerated by catalysts. Where do these come from?

These accelerators exist because the cell creates them itself in one of its processes, the translation process. A cell that grows naturally needs many accelerators, so they have to be built very quickly. That is why the translation process in particular, like all other processes, is catalyzed.

The catalyst of the translation process is the ribosome. It consists of several proteins and RNA molecules. Together, they have the form to accelerate the translation process. This then creates further proteins, which are again created in the ribosome. The origin of the RNA molecules in the ribosome will be discussed in the next chapters.

First of all, the cycle is important. Proteins are part of the ribosome. The ribosome as a whole is the catalyst for the translation process. The translation process creates all the proteins. The more of these proteins there are, the more are produced.

Principle

A Viable System contains at least one process which produces the catalysts. This process is itself accelerated by a catalyst that it has produced.

This autocatalyst results in the exponential growth of a positive feedback loop. The faster the process runs, the more catalysts are produced, the faster the process becomes.

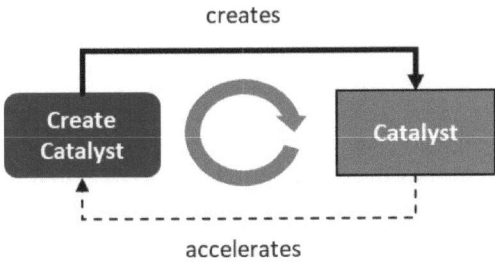

Figure 4 The process creates the catalyst. The catalyst accelerates the process.

Organization

Good work preparation produces good working conditions. Obviously, this is the process that produces the catalysts. First of all, let's go through the work preparation: One selects a process. Then you study the best working conditions for it, going through the factors of man, machine, material, method, environment. When you know what you need, then you can procure and provide these factors. This is the rough process of work preparation.

So what is the positive feedback loop? Work preparation is also a process itself and also requires the best working conditions. What do you need for work preparation to run optimally? You need know-how, a few tools like a computer and a cell phone, and above all a quiet environment. If you ensure today that these factors are ready tomorrow, then work preparation will be more efficient and effective tomorrow. As a result, all other processes will then also run better. If today's work preparation ensures that everything will be ready tomorrow, you get an autocatalyst. The process creates its own accelerators.

2.5   Modular autocatalysis

Living being

Catalysts are very specific. The cell therefore needs its own catalyst for each chemical reaction. If it has 1000 reactions, it needs 1000 enzymes. But there is only one process that produces them: the translation process. How is it possible that a single process can produce any number of products? It is because the translation process is modular. Only 20 amino acids are used as building blocks. But there are 1000 genes in our example, which contain the blueprints.

The genes describe which of these 20 types of amino acids are to be chained together and in what order. The translation process at the ribosome uses the gene as a blueprint, and then strings together the correct amino acids. These long chains end up folding into a specific three-dimensional shape, which is then catalytic in the case of an enzyme and accelerates a reaction.

Principle

Viable Systems manufacture the catalysts in a modular process so that very many specific catalysts can be created. There is only a small set of components that can be combined. There is a separate blueprint for each specific catalyst.

The elements of the blueprint must clearly reference the components.

This enables the system to create any number of accelerators from just a few components using a single process.

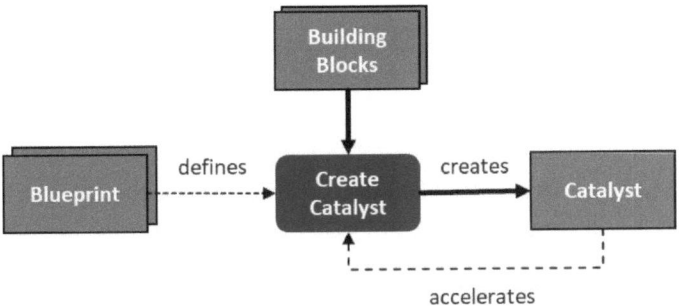

Figure 5 A modular autocatalyst can produce many catalysts from a few components and many blueprints

Organization

Even in an organization, you want to create the best working conditions for each process. However, there are countless tasks in an organization. If each task needed its own tools, there would also be countless tools.

In practice, however, you can get by with a small number of tools. They are combined anew for each process.

The small set of tools are the components. If you create a description of which of the tools to select for a task and how to combine them, then you have the blueprint. One could create such blueprints for 1000 tasks.

Care must be taken to ensure that the tools are clearly identified in the description. For this reason, craftsmen also learn the names of all tools during training. Otherwise, they would not be able to follow instructions.

2.6 Multiple catalyst types

Living being

Today, most biologists believe in the RNA world hypothesis. This states that life arose four billion years ago on the basis of the ribonucleic acid RNA. RNA is a long chain of nucleotides that can fold and take on a specific shape. When RNA can catalyze a chemical reaction, it is called a ribozyme. It is thought that certain ribozymes were able to duplicate not only other RNA molecules, but even themselves. This would then have been the first autocatalyst. This enabled RNA to spread.

Today it is a bit more complicated: The ribozymes are still found in the ribosome, where all proteins and thus also the enzymes are produced. Ribozymes thus produce the enzymes. These enzymes, as polymerases, conversely help to produce the RNA molecules again.

Ribozymes and enzymes are thus two different types of catalysts that create each other. In addition, both individually or together help to accelerate the many other chemical reactions of the cell.

Principle

A Viable System can contain several types of catalysts. The creation of each catalyst is accelerated by itself or by the other catalysts.

One or more types of catalysts can then also occur simultaneously in the other processes.

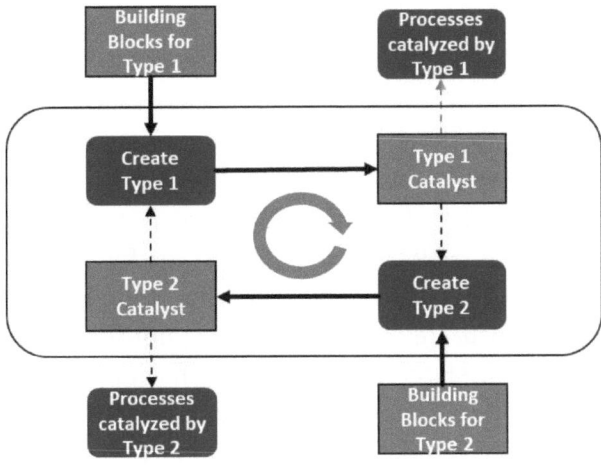

Figure 6 Two types of catalysts accelerate each other's creation. Type 1 catalyzes the creation of type 2 and vice versa.

Organization

Let's go the way of organizations back to the past, and then even further back to the time before tools were used. Man with his hands can accelerate things that otherwise would not happen. He is himself the primary catalyst. Since he can do many things with his hands, he can also make tools as a secondary catalyst. As history has progressed, man has refined tools more and more, constructing complex machines that can even make chips, far surpassing what man can do with his hands. Man creates his tools. Man and tools together are the primary and secondary catalysts of processes. Some processes require only human skill, others require only tools. Often, however, you need both. So we need to look at both for each process - and modularly in both cases. What elementary skills do employees need to execute processes? What tools do they need?

2.7 Blueprints

Living being

RNA molecules thus contain the blueprints that indicate the order in which the 20 amino acids are to be linked to form proteins. Unfortunately, however, RNA molecules are not very stable. They mutate very quickly. However, it is important for the cell to have exactly the proteins it really needs. If there are too many variants in the blueprints, the proteins will also look different, and different reactions will be accelerated. The cell's behavior would be left to chance. Consequently, a more stable data carrier is needed. This is where DNA has established itself. Deoxyribonucleic acid is chemically related to ribonucleic acid, but much more stable. On the DNA molecule there are sections that can each be copied individually, the genes. When a gene is copied using polymerase enzymes, an RNA molecule is created, which can then be used.

RNA is always a long chain of nucleotides. However, these molecules can have different properties. mRNA contains the blueprints for creating proteins. rRNA is a ribozyme and catalyzes the production of proteins. tRNA contains the assignment of the genetic code to the 20 amino acids and makes it possible to chain the correct amino acids. In addition, there are many other ribozymes that accelerate other reactions.

Principle

A Viable System needs components on which the blueprints are stably stored. There are processes to copy these blueprints.

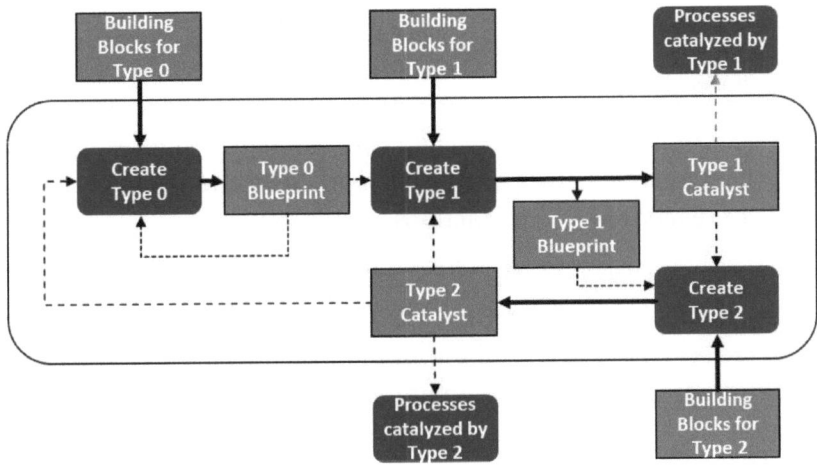

Figure 7 An original blueprint of type 0 (DNA) is copied to produce type 1 (RNA), which can serve as both blueprint and catalyst. These serve to make type 2 (protein). This type 2 serves as a catalyst for type 0 and type 1.

Organization

In a small organization, it is not a problem if the knowledge about a process is only in one head. Anyone who needs this knowledge can ask for it. After a short time, however, different variants of this knowledge emerge. The results of the processes are then just as diverse. At some point, it makes more sense to document the knowledge.

Employees use this knowledge in several ways. They know the methodology of work preparation (=rRNA). They know the names of all tools (=tRNA). They have the knowledge to assemble all tools for a process (=mRNA) and they can directly influence processes with their knowledge (=other ribozyme).

2.8 Process chains

Living being

In the last translations we have seen that cells can create two types of catalysts: Ribozymes and enzymes. These can be used to accelerate a variety of reactions. Which reactions are these?

Let's remember: We have DNA as a stable data carrier. This consists of 4 types of nucleotides. From this, the RNA is read, which consists of 4 other nucleotides. The RNA then contains the blueprint to produce a protein from 20 types of amino acids. So it needs 4+4+20=28 components. As long as these components are freely and unlimitedly available, DNA, RNA and proteins are built from them again. The ribozymes and enzymes are again catalytic and create even more components - until the components become scarce. Then the growth would be over due to lack of components.

With a bit of luck, however, mutations in the DNA gave rise to precisely those enzymes that can convert the practically unlimited molecules of the inorganic world, such as water and CO_2, into needed macromolecules. When something like this happens, the practical limitation is removed. The system first converts these freely available molecules into nucleotides and amino acids with the help of its catalysts. In the second step, even more accelerators are built from them.

Principle

A Viable System contains the processes that import unlimited components from outside and convert them into the components of its modular autocatalyst.

Figure 8 Process chains convert raw materials into components for the autocatalyst

Organization

So what processes need to be accelerated in an organization? Let's take another look at creating the best working conditions. To do this, we need employees with the right skills, a set of appropriate tools, and the right method for each task. Ideally, this is written down.

Now it is unlikely to find exactly the right employees with all the necessary skills on the labor market. Employees must therefore be trained by the organization. Also, the tools often do not exist as they are needed. They often have to be adapted or configured.

All these processes must be carried out by the organization. For this, it needs the best working conditions.

If this is the case, the organization has more choice in the labor market and the procurement market. In particular, employees can be selected based on personality rather than skills. In the long run, the organization has better employees as a result.

2.9 System boundary

Living being

Besides autocatalysis, there is another principle from chemistry. The higher the concentration of the reactants, the faster the chemical reactions take place, and the more products are created. The reason is that at a high concentration, the distance between the potential reactants is smaller, and they come together in a shorter time.

So how can a cell itself ensure that the highest possible concentration of reactants and catalysts is present? It creates itself a cell membrane. This membrane consists of phospholipids. The cell therefore only needs to produce the appropriate enzymes for the production of phospholipids. The phospholipids produced then have the chemical property of attaching themselves to each other independently and forming a cell membrane that envelops everything. Because of the cell membrane, the cell now has a spatial inside and outside. For the first time, it has a place and a shape.

The self-produced enzymes can now no longer escape to the outside. This creates a high concentration of catalysts inside. The chemical reactions are accelerated more strongly, and the cell grows faster.

Additionally, no other catalysts come in from the outside either. As a result, the cell itself has sovereignty over which processes take place inside and which do not.

Principle

A Viable System creates a spatial system boundary itself and separates the inside from the outside. The self-created catalysts cannot pass this boundary. This creates a high concentration, which increases the process speed and thus growth. Non-self-created catalysts cannot pass the boundary from the outside. As a result, the speed of the processes is within the sphere of influence of the Viable System itself. The blueprints specify which processes have to run at an accelerated rate.

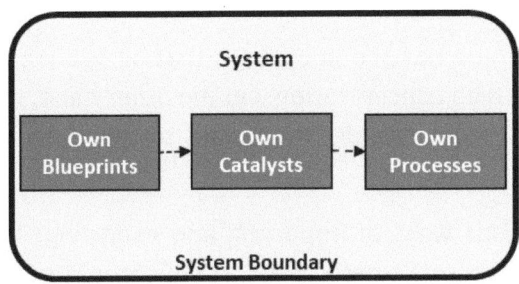

Environment

Organization

An organization should act in a self-determined manner. It needs a clear boundary within which it can dispose of all resources. For each resource, it must be clear whether it belongs to the organization or not.

Typically, the organization owns the tools and information. Employees do not belong to the organization. However, the organization has a contractual right to the work performance. It can dispose of this right internally.

In addition to the concentration of success factors, it is also important that only the organization itself is allowed to accelerate the processes. Thus, it has autonomy over all processes and is not externally determined.

2.10 Import and export

Living being

The cell membrane has the advantage that all self-created enzymes are available in high concentration. On the other hand, the cell always needs nutrients from outside. It also has to remove waste products again.

It therefore needs ways of importing and exporting. To this end, it produces membrane proteins that are incorporated into the cell membrane. The membrane proteins take over the exchange of substances with the outside world. Ultimately, therefore, the cell's genes decide which membrane proteins are produced and thus which molecules are to be imported or exported.

By selectively importing nutrients and exporting waste, the cell increases the concentration of nutrients inside. As a result, reactions take place more quickly,

Principle

A Viable System needs new components to grow. It has processes that ensure that exactly these components are imported, and components that are no longer necessary are exported.

This results in the greatest possible concentration, and their transformation into components and ultimately catalysts proceeds more quickly.

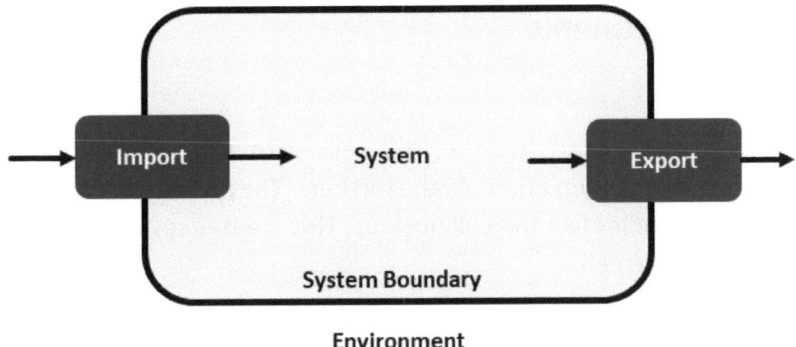

Figure 9 The system can import components that are needed and export components that are no longer needed. It increases the concentration.

Organization

Organizations constantly need new material, new employees and new tools. These come from the outside.

In all cases, the organization itself must decide who to hire and what items to purchase.

The hiring process and the purchasing process provide for this selective import.

On the other hand, the organization can also dismiss unsuitable employees and sell or dispose of tools that are no longer needed.

Both help to increase focus.

2.11 Compartments

Living being

Some cells, the eukaryotes, i.e. the cells with a true nucleus, can increase the concentration even further. They have membrane-enclosed organelles like the cell nucleus. This creates several separate spaces inside the cell.

Different processes take place in each of the different organelles. Consequently, different catalysts and reactants are required in each organelle.

Sorting the catalysts and reactants to the correct organelles results in a higher concentration in each organelle than if everything was mixed. The reactions thus take place more quickly.

Eukaryotes can develop a much more complex behavior than bacteria, which do not yet have organelles. One of the reasons lies in this internal order through the organelles. But this more complex behavior is a prerequisite for the formation of multicellular organisms. All multicellular organisms like plants, fungi and animals are based on the eukaryotes.

Principle

A Viable System has mechanisms to delimit areas of space inside, in which only certain processes then take place. It can sort its components and move them to where they are needed. This increases the concentration of catalysts for each of the processes and speeds up the processes.

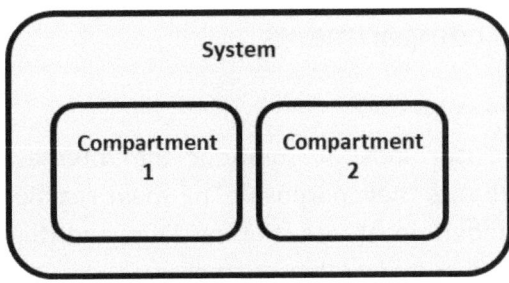

Figure 10 A system can create internal structures in which only certain processes take place.

Organization

A great many business processes also run in organizations. Each process needs a different environment. To ensure that the necessary factors are available quickly in each case, it is better to sort everything. Each workstation has its own tools necessary for this.

In Lean Production, there is the 5S method. Every workplace is tidied and cleaned. Then, only the necessary items are placed in the best possible location. This arrangement is then the new standard, which is also adhered to.

The necessary skills of the employees are also sorted. Not all employees are responsible for all processes. Instead, there are roles. This means that employees only have to learn some of the skills.

But information is also sorted. There are structured file repositories on the drives.

All this affects the concentration of success factors.

2.12 Special compartments

Living being

Let's take a closer look at some of the internal structures of eukaryotes. What is their purpose? The main reaction space is the cytosol. Embedded in it are the nucleus and the endoplasmic reticulum, as well as many other organelles.

In the cytosol, all reactions take place with which the cell creates itself. The ribosomes, where all proteins are produced, are also located there.

The nucleus contains the DNA on which the genetic information is stored. In the nucleus, only those chemical reactions are carried out that have to do with the replication of the DNA and the transcription of the RNA. This RNA is then taken outside through the nuclear pores, where it is needed to create the proteins. Conversely, some of these proteins have to go back into the nucleus because they act as catalysts there.

In the endoplasmic reticulum, on the other hand, all molecules for the outside world are produced. Since this is done separately from the cytosol, very high concentrations of substances can be produced without disturbing the cell's own metabolism.

A cell can maintain proportions between organelles so that chemical reactions are carried out in the correct ratio.

Principle

A Viable System has a space in which the processes of self-creation take place, another space in which the blueprints are located and further spaces in which processes take place which do not directly serve the self-creation. A Viable System is able to maintain the proportions between these internal structures.

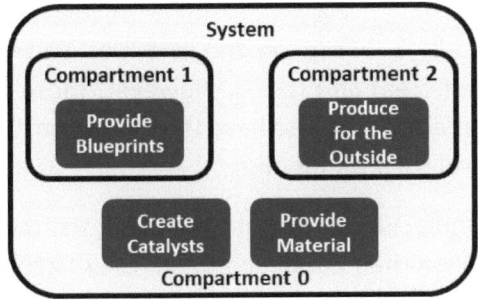

Figure 11 A system separates catalyst creation spaces from blueprint creation and production for the outside world.

Organization

The subdivision can be done in space or also in time. When employees structure their day, this can also be done according to the three categories: First, there needs to be time for self-organization, for example first thing in the morning. During this time, the day is planned, tasks are determined, and the best working conditions are ensured. In other words, the catalysts for all processes are created, including the work preparation for the following day. In addition, time is needed for learning, i.e. building up skills. It is good to have a protected environment for this, so that the new skills then really work. The rest of the time is used to do work for others. By separating the activities, one is more focused in each of the activities. The right proportions are important. If one allocates too little time to self-organization, then there are no best working conditions, not even for learning and for working on customer value. If you don't have time for learning, you don't develop and you use inefficient methods.

2.13 Switchable catalysts

Living being

The growth of cells is based on the enzymes and ribozymes that accelerate the self-creation process. However, these molecules only have a catalytic effect if they also have the right form. Cells exploit this property to control their metabolism.

If certain signal molecules dock onto the catalysts, they change their shape and thus lose their catalytic effect. They become inactive. As soon as the signal molecules are degraded or dissolve, the catalyst becomes active again.

There is also the reverse case, where catalysts are initially inactive, i.e. they have the wrong shape. Only the docking signal molecule deforms the catalyst, gives it the correct shape and it then becomes active.

In this way, catalysts are activated or deactivated by signaling molecules and thus the acceleration of processes is also switched on or off.

Principle

The Viable System catalysts can be activated or deactivated by other components.

This also switches the process acceleration on or off.

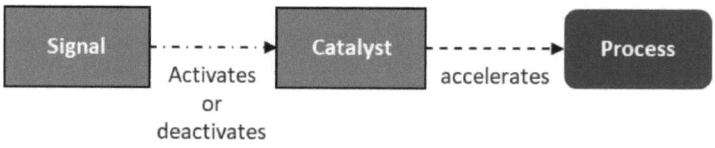

Figure 12 Signals activate or deactivate catalysts

Organization

For each process there needs to be a clear decision whether it should be carried out or not. Through the information, each process can be started or stopped.

However, the acceleration is due to the existence of the best working conditions and not to this information. For this reason, management cannot directly accelerate a process by a mere decision. Instead, one must first create the best working conditions, providing for the possibility of activation or deactivation.

2.14 Autoregulation

Living being

An important application of the switchable catalysts is to avoid overproduction in the cell. For its growth, a cell needs the 20 amino acids in the right mix. It does not help if a certain amino acid is available in abundance. First, because its production consumes raw materials and energy. Secondly, because the unnecessary molecules take up space and thus reduce the concentration of all other molecules.

Many chemical reactions of the cell are therefore controlled by autoregulation. A metabolic pathway consisting of several processes creates a product, for example a specific amino acid. This product serves as a signal molecule that can deactivate the catalyst of the first chemical reaction of its production. Of course, there are very many catalyst molecules for the process. The more products that have already been created, the more of these catalyst molecules are deactivated. As a result, the chemical reaction slows down and the whole metabolic pathway receives less material, which again decreases the number of products.

In this way, overproduction is avoided.

Principle

The Viable System controls process chains by allowing the created product of one process chain to temporarily inhibit the catalysts of the first creating process.

Autoregulation is a negative feedback loop.

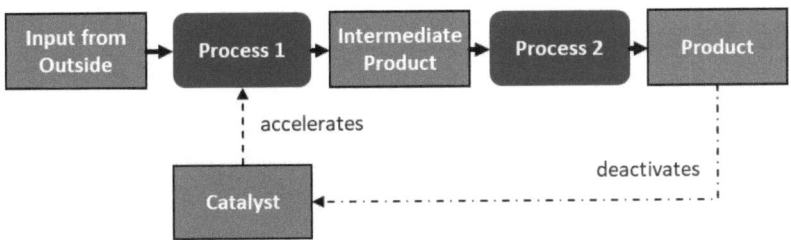

Figure 13 In autoregulation, the product inhibits the catalysts of its own production

Organization

The principle of autoregulation of a process chain corresponds to demand-driven production. If there are already too many products that are not processed further, then production is slowed down. This is realized by attaching a condition to the execution of a process: Production only takes place if there is a demand.

The procedure can be found in many areas today. In production it is realized with a Kanban system.

In development, one speaks of the work-in-progress limitation. This means that software is not developed in stock, but only what can be put into use as quickly as possible.

In many cases, however, there is still no demand-driven production today. Reports or status messages in particular are produced at great expense and are often not read. In such cases, this autoregulation is missing.

The advantage of autoregulation is that it can be carried out in a decentralized manner. No central decision is needed here. Each process can regulate itself.

2.15 Signal pathways

Living being

The molecules within a cell can therefore be used as signals. A signal molecule can have a positive or negative effect on a catalyst. Several signal molecules can even act on it simultaneously. In the end, the catalyst is deformed by the sum of the influences and thus activated or deactivated.

When activated, it accelerates a process that creates other molecules. These in turn can be signal molecules that act on another catalyst.

This creates a network of signals. At the input side of this network are molecules of metabolism that have a significance for the cell, such as glucose or amino acids. In the course of the signaling pathways, other molecules are created that are purely informational in nature. At the end, an effect on the metabolism arises again.

Principle

The catalysts of the Viable System are influenced positively or negatively by several components. This influence can be interpreted as a logical function that calculates another quantity from several quantities.

The signal components as well as the affected catalysts result in a network. In the simplest case, this is an acyclic, directed graph with one input, one processing and one output.

Input of the network are all components that are needed in the self-creation process. Output of the network are components that directly affect the self-creation process.

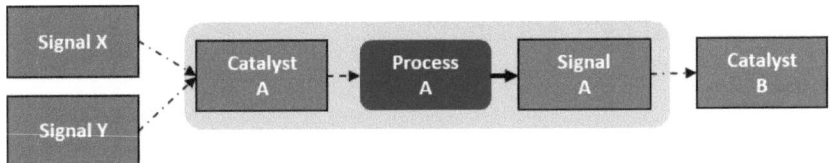

Figure 14 Signals influence the production of other signals

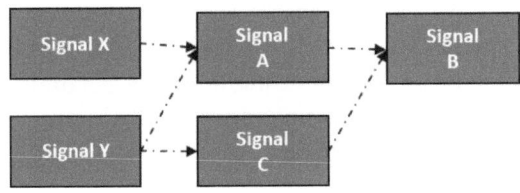

Figure 15 Signals can be connected to form complex networks

Organization

Logical processing of information is about decisions.

An organization has an internal perception of its processes. It knows how many resources it currently has. Typically, this information is provided as directly measured metrics.

On the basis of these key figures, single-stage or multi-stage decisions can then be made. The results of the decisions can be derived key figures or digital yes/no.

In the end, these decisions have an effect back on processes of self-creation. Processes are started or terminated.

2.16 External perception

Living being

Cells must also perceive the outside world in order to be able to react appropriately to it. For this purpose, they have a large number of receptor proteins in the cell membrane that can react to different substances. When the appropriate substance, the first messenger, encounters a receptor, this receptor changes its shape. This catalyzes a reaction on the inside of the membrane that produces a signal molecule. This signal molecule, known as the second messenger, is then processed further in the signaling pathways. The receptors thus copy certain information from the outside world to the inside in order to be able to react to it.

Nutrients are a typical case. When these are recognized, the cell can move toward them. Another case is toxins. In this case, a cell tries to avoid the toxin. Especially in the case of toxins it becomes clear that it is better to copy only the information inside and not the molecule itself.

The signals from the outside world can then be processed together with other signals. A typical example is the detection of a lack of a substance inside, combined with the availability of the same substance in the outside world. The cell can move to where it thinks the substance is.

Principle

A Viable System has catalysts at the system boundary that recognize information from the outside world and copy it inward.

The copied information is then processed along with other information in the signaling pathways.

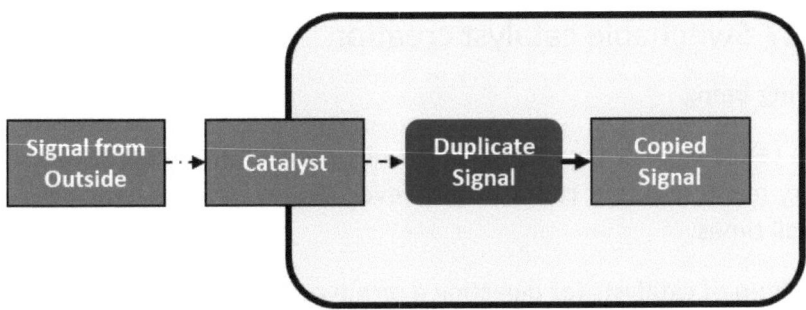

Figure 16 When perceiving the outside world, signals are copied inside

Organization

Organizations must also continuously observe the outside world. Since the resources for self-creation, i.e. the employees, the tools and the material, always come from outside, it is also necessary to observe where the excellent employees or suitable tools are available. Since employees are often fixed to one place, the organization often has to go there.

In addition to recognizing potential resources, it is also important to identify threats to prevent harm.

2.17 Switchable catalyst creation

Living being

If a cell is to have very many different capabilities, then it also needs very many different catalysts. However, not every catalyst is needed at all times.

A group of catalysts for digesting a rare type of sugar is only needed if that sugar is also available in the outside world.

However, since the unneeded catalysts take up space and reduce the concentration of the other molecules, the cell creates them only when needed.

This takes place directly at the DNA. The reading of the genes is regulated by special signal molecules, the transcription factors. These transcription factors are mostly proteins. When the correct combination of transcription factors is applied to the gene, the gene is read and RNA is produced, which then makes the catalysts. Other combinations of transcription factors, on the other hand, block the reading of the gene by the RNA polymerase.

Similar to signaling pathways, there are also networks here. A transcription factor X allows the reading of a gene Y, which then produces transcription factor Y via RNA. This can act on another gene Z.

These networks of transcription factors end up producing just the right catalysts for the cell.

Principle

A Viable System contains components that positively or negatively influence the reading of the blueprints, and thus influence the creation of catalysts.

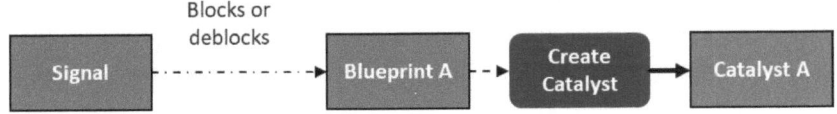

Figure 17 Signals can selectively block or deblock the reading of certain blueprints

Organization

Even in an organization, not all processes are always needed. For example, onboarding training for new employees only needs to be executed when new employees have just been hired. The change of a strategic supplier also rarely occurs. So even the best working conditions do not have to be permanently available for this.

It is enough if the knowledge is available. Depending on the need, the best working conditions can then be produced when they are needed.

2.18 Change of blueprints

Living being

DNA contains all the blueprints of the cell. Even though DNA is more stable than RNA, there are still random errors in replication from time to time. Incorrect nucleotides are inserted. This causes the blueprints to change, and the proteins produced also change and their properties. Even slight changes in shape can cause a protein to lose its catalytic ability, or now catalyze a different reaction. In a system as well attuned as a cell, it is more likely that the mutation will be a disadvantage than an advantage. But if the healthy cell has been able to replicate often enough before, then the species is not lost by these setbacks, and the rare case of improvement can give rise to something new.

There is significantly less risk if entire genes have been copied several times by mistake beforehand. In this case, two identical copies are present in a cell. If one of the two variants mutates, the unchanged variant is still available. The modified variant can then mutate more often - until an advantage is gained.

Principle

The blueprints of the Viable System can be modified. As a result, the catalysts, and the growth of the Viable System change.

When blueprints are copied before modification, a stable variant is available, and less damage is done by the changes to the other.

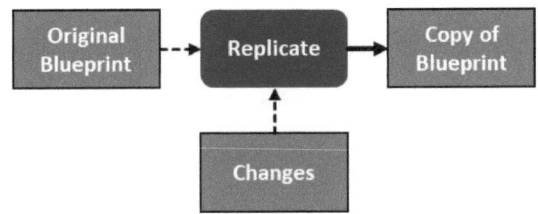

Figure 18 When replicating blueprints, changes to the original can be incorporated

Organization

Changing blueprints is the same as changing process descriptions. Changed process instructions naturally lead to different results. This always represents a risk. On the other hand, an organization can only develop further if it accepts this risk. It is therefore important to minimize this risk. The simplest method is to copy the original instructions, and only change the copy. This is equivalent to controlled experimentation in process improvement. The old process according to the old process description is still valid. However, on a smaller scale, experimentation can be done, and the process can be changed. Only when one is sure that the new process is better, the old process can be abolished. This work corresponds to the PDCA process (Plan, Do, Check, Act). An improvement is planned, prepared, executed, and then checked to see if the results are better than before. In the last step, a decision is then made to use the new process based on the check. Through this approach, the blueprints are continuously improved. The mechanisms of evolution are explicitly carried out by the organization here.

2.19 Import of blueprints

Living being

Another way to get new capabilities is to import pretested DNA from outside.

Even simple cells have the ability to exchange DNA among themselves. In this process, the DNA coming from outside is imported with the genes on it.

In contrast to random mutation, the probability of obtaining genes that contain catalysts valuable at least to the other cell is much higher.

Since all genes are based on the same genetic code, the cell can read these new genes normally and produce catalysts from them itself. The only remaining risk is integration: How do the new catalysts interact with the existing ones?

Besides the DNA exchange of bacteria, there are also viruses. Viruses are not actually alive. However, they contain genetic information. In some viruses, the retroviruses, this is even incorporated into the DNA.

Principle

A Viable System can import blueprints of other Viable Systems. This enables it to produce the same catalysts.

In addition, a Viable System can also import and integrate blueprints that are external to other Viable Systems.

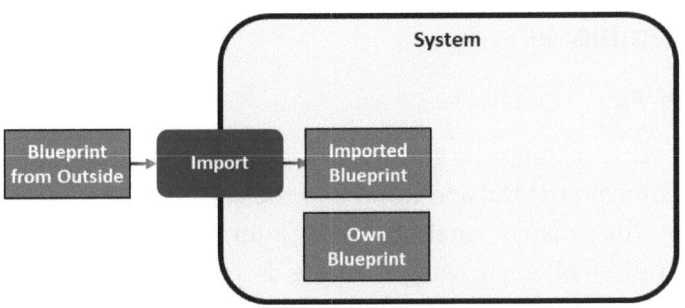

Figure 19 A system imports blueprints from the outside

Organization

Importing process descriptions from other organizations is equivalent to benchmarking. An organization can simply adopt procedures from other, successful organizations. The new procedures apparently work for the other organization in its context. However, there remains a risk as to whether the approach also creates benefits in the organization's own context. In most cases, process improvement with PDCA is needed again to adapt the new procedures to one's own needs and to better integrate them into the environment. Some blueprints, however, do not come from other organizations, but as advice from the professional literature. These blueprints can also be imported. They can be advantageous or disadvantageous. Some of the advice also includes a request to share it. Typical examples are frameworks like ISO9001 or CMMI. These impose requirements on the organization. In particular, they call for all suppliers to adopt the same system as well. Thus, they function similarly to a virus because the blueprints are available outside of organizations, and their goal is replication. However, the mechanism says nothing about whether it is an advantage or disadvantage.

2.20 Symbioses

Living being

Cells need to catalyze a great many chemical reactions to convert molecules from the outside world into the cell components. However, due to the many catalysts and intermediates required, the concentration of each catalyst inside is reduced. As a result, the reactions can no longer be accelerated as much, and the cell also grows more slowly.

Some cells, however, recognize the advantage of cooperation. If a cell A focuses on producing a molecule A, then it can produce more of it than it consumes. The rest it can give to the outside.

Another cell B therefore receives these molecules free of charge. It can therefore deactivate its catalysts A, no longer create them at all or even mutate gene A at some point. Due to the higher concentration, it increases the production of another substance B, from which it can give something to the first cell A.

Cell A now receives even more of substance B and can specialize even more.

This exchange of resources creates a mutually beneficial symbiosis.

Principle

A Viable System can exchange resources with other Viable Systems.

As a result, it no longer has to produce the resources it receives itself, does not need catalysts to do so, and thus increases the concentration of catalysts and components for other processes. As a result, it can produce more components than it needs itself and give them to the other system.

This specialization means that both systems are growing faster. They are becoming increasingly dependent on each other.

Initially, the relationship is optional. However, if a system changes its blueprints and can no longer produce certain catalysts afterwards, the relationship becomes obligatory.

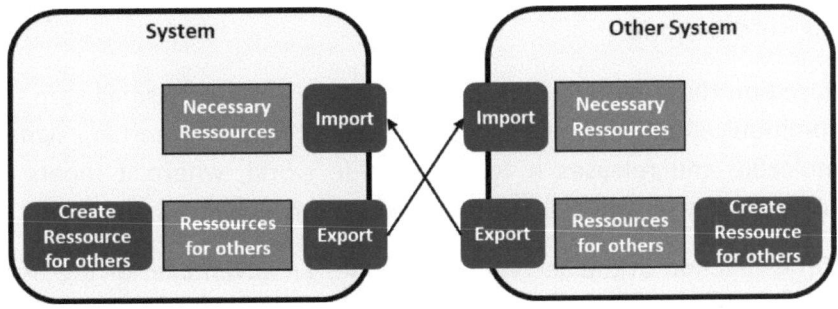

Figure 20 In symbiosis, two systems produce what the other needs.

Organization

The organization's relationships with stakeholders, i.e. employees, suppliers, customers, investors, and society, are symbiotic. The relationships each consist of give and take. Both sides of a relationship receive what they need. As a result, organizations do not have to produce everything themselves. They already rely on the fact that there are ready-made computers to buy, and that there are trained engineers on the labor market. This dependence is already obligatory because presumably no company could create a complete computer including CPU out of thin air or train a young child to become an engineer.

2.21 Communication

Living being

All cells have the ability to perceive their external world via receptors. These receptors are proteins that are built into the cell membrane. On the other hand, cells can also produce substances and release them to the outside world.

Based on these already existing capabilities, it is only a small step to communication between cells. One cell produces a certain signal molecule and releases it to the outside world, where it meets a receptor of a second cell, which processes this signal and reacts to it.

If this reaction of the second cell provides an advantage for the first cell, then the creation of the molecules is maintained by evolution. The first cell can now be experimented by different mutations, which signals offer an advantage and which not.

A typical case is mating signals, in which a cell attracts other cells to exchange DNA. But they can also be toxins that are intended to keep other cells at a distance.

But the reverse can also be advantageous for a cell if it benefits by recognizing signals from another cell.

Principle

A Viable System can send signals to other Viable Systems and influence their behavior.

Communication can be beneficial to both participating Viable Systems in the process.

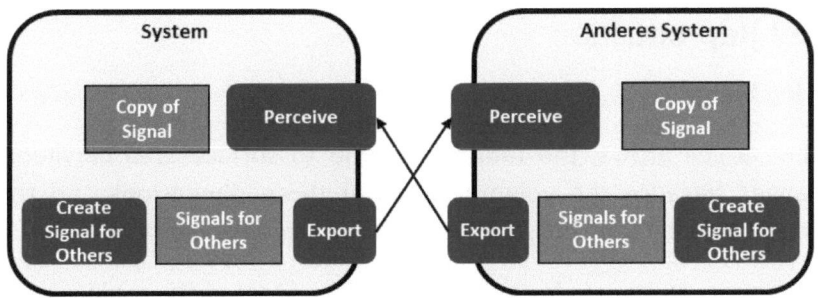

Figure 21 During communication, systems create signals that can be perceived by other systems

Organization

The organization communicates regularly with its stakeholders. The direct benefit is that both communicators better understand what the other needs.

This can also improve the symbioses. Each of the participants gets what he really needs.

Practically, this can be leveraged by learning about the key needs of the stakeholders and understanding how satisfied the other side is with meeting those needs.

Of course, the same is true in reverse: the organization must clearly articulate what it expects from stakeholders and what their level of satisfaction is.

Through this information, products can be precisely targeted to the need. Also the improvements can aim to produce a higher benefit

2.22 Reproduction

Living being

When a cell grows, the ratio of volume to surface area inevitably changes because the volume grows in three dimensions and the surface area in two. Thus, the too small surface becomes a bottleneck.

The simple solution is for the cell to divide. Most of the molecules in the cell are contained any number of times anyway, and some organelles such as mitochondria are also present in large numbers. So they would simply be distributed among the two offspring. A bigger problem now exists with the DNA. It exists only once. Therefore, it must first be replicated. But also some organelles exist only once. That is why the old cell nucleus dissolves. After replication of the DNA, the two new DNAs are then distributed, and each is encased in a new cell nucleus. After that, the cell can divide. Through this mechanism, there is no longer any spatial growth limitation for cells.

Principle

A Viable System can divide itself. To do this, it duplicates all components that exist only once, divides them spatially. Then it can split itself into two independent Viable Systems, which can also be spatially separated.

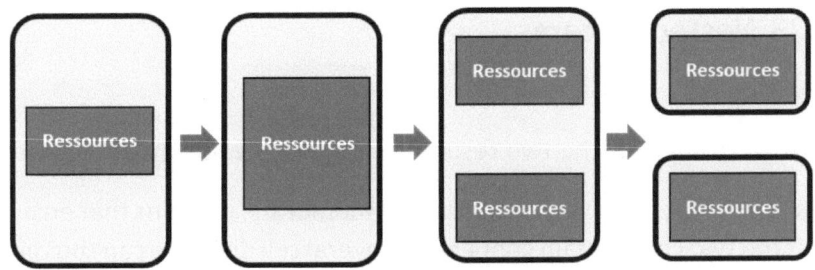

Figure 22 In cell division, all resources are first replicated and separated before two independent systems are created.

Organization

When organizations get too big, they get problems with communication. Teams are often the size of about 7 employees. At this size, everyone can still communicate with everyone else. But with 30 employees, this would no longer be possible. Long before that, informal subgroups establish themselves, which are more closely networked with each other. So it makes sense to split up a team if it is too large. In the end, however, both teams should be viable. So they both need to have the best working conditions independently. Before the team splits, it is important to identify all resources that exist only once. This can be the role of the team leader, but also tools like the whiteboard and the reservation of the meeting room at a certain time. The second step is to duplicate these one-time resources. So a new team leader is trained, and the room reservations are duplicated. After that, tasks, employees, and tools can be distributed. In the end, they can work independently.

2.23 Nested systems

Living being

After a cell divides, the two resulting cells can develop independently.

In some cases, however, the cells have membrane proteins that ensure that the two cells remain connected. Several cell divisions can thus give rise to a multicellular organism.

In this case, all cells of the multicellular organism initially have the same DNA. After several divisions, however, some cells are on the outside of the multicellular organism, others on the inside. They perceive this difference themselves. Through their signaling pathways, they can now react differently and produce different proteins in each case. This gives rise to different cell types.

If all cells are to be supplied with nutrients, the cells on the inside must be supplied by the cells on the outside.

Principle

When a Viable System splits one or more times and these systems remain connected, a nested Viable System can result.

The systems contained therein can perceive a different external world, react differently to it with their signaling pathways, and then specialize. In the end, the result is a specialization of the viable systems, which then work together in symbioses.

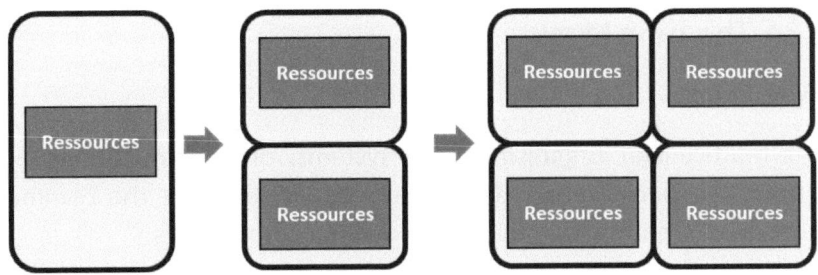

Figure 23 Systems remain connected after replication. A nested system is created

Organization

If a team grows and then splits, the resulting teams can continue to work closely together.

Each team specializes in a different task. The teams deliver to each other.

Practically, this is realized in an organization by creating sub-teams. A core team starts the work and owns all stakeholder relationships with the outside world. One or more participants of the core team then create a sub-team that takes responsibility for specific tasks. The original core team continues to consist of sub-team representatives afterward and still retains overall responsibility.

An example is the management circle of a large organization. There, relations with investors are handled by a merchant, and with suppliers by the buyer. When the organization grows, it creates its own departments.

2.24 The next level

Living being

In a multicellular organism, organ systems, organs and tissues are formed by specialization. The organ systems all have the common purpose of creating the best living conditions for all cells.

In animals, all cells receive their resources through the cardiovascular system, which is responsible for resource distribution. The respiratory system and the digestive system import resources from the outside world and transfer this to the distribution system. Waste materials are disposed of again via the renal system.

The skin and the immune system take over the protection against dangers of the external and internal world. The organs of perception, the nervous system and the endocrine system as well as the musculoskeletal system are responsible for perception, decision and action.

It is no coincidence that the organ systems cover the same functions that each individual cell must cover. They serve to ensure that the viability of the whole organism and its cells is maintained.

Principle

A nested Viable System develops substructures to import and distribute resources from the outside. It develops protective mechanisms at the system boundary and internally. It develops mechanisms of perception, decision and action.

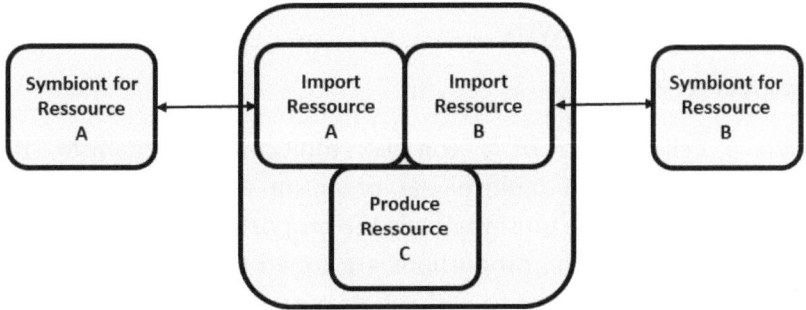

Figure 24 The systems in a nested system enter into symbioses and become specialized

Organization

In organizations, there are often units that specialize in the relationship with a stakeholder group. Human Resources, Purchasing, Sales or Investor Relations each specialize in the give and take with employees, suppliers, customers and investors. They import resources.

The internal perception is often taken over by Business Controlling. Operational management decides on the allocation of resources, while the experts in knowledge management provide the know-how.

Despite this focus on one task at a time, each department is a living system and must therefore itself work successfully with many external and internal stakeholders. It must itself ensure its best working conditions and renew itself.

The overall system ensures that all employees receive sufficient resources. The employees thereby again fulfill a specialized task for the overall organization.

2.25 Limits to growth

Living being

When a cell is part of a complex multicellular organism, the requirements of that multicellular organism act back. A complex multicellular organism must maintain the proportions of its specialized organs and tissues. The proportions are tuned so that each organ is exactly the size to be able to perform its purpose for the organism as a whole. If organs were to grow too large, there would be no benefit in the best case, but too many cells would have to be nourished along with it that it does not actually need. In the less favorable case, however, it could also have direct disadvantages.

For this reason, cells in the multicellular organism are no longer allowed to reproduce indefinitely. They are now only allowed to grow or divide if they receive the appropriate permission to do so from the organism as a whole, in the form of growth signals.

Cells thus restrict themselves in order to serve the well-being of the entire organism. Thus the multicellular organism lives and can also supply its cells again.

It can also happen, as in the disease cancer, that cells no longer independently pay attention to the limitation. In this case, the immune system recognizes these defective cells before they reproduce indefinitely.

Principle

The Viable Systems of a superordinate Viable System may only grow and divide if this is permitted by the superordinate system. In the event that the subordinate systems do not observe this, the superordinate system must correct this in order not to lose its own viability.

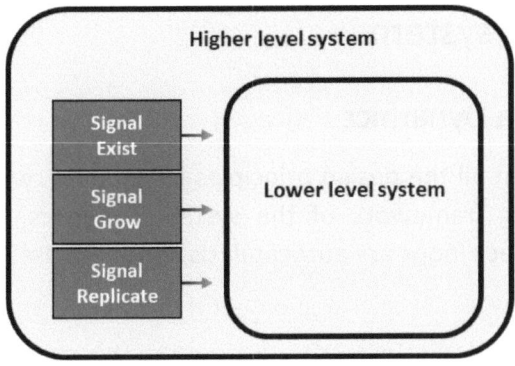

Figure 25 Systems of a higher-level system must limit their growth

Organization

Large organizations often have the problem that indirect departments are staffed with veteran managers. These often have a great urge to shape and grow. As a result, these indirect departments become too large and need too many resources. The organization must therefore give clear signals as to when these departments are allowed to grow and to what extent.

If these departments do not respond and grow indefinitely, the organization must recognize and prevent this.

Since the number of employees is often limited anyway, growth of departments tends to take place by networking into other parts of the company through initiatives or programs in order to exert influence there as well. In some cases, this is desired. In others, this strong networking can endanger the autonomy of other parts and represent a disadvantage for the overall organization.

3 Overall system

3.1 System Dynamics

After looking at all the design principles individually, we can also see the supporting framework of the system dynamics. The essential positive feedback loops are autocatalysis and symbioses.

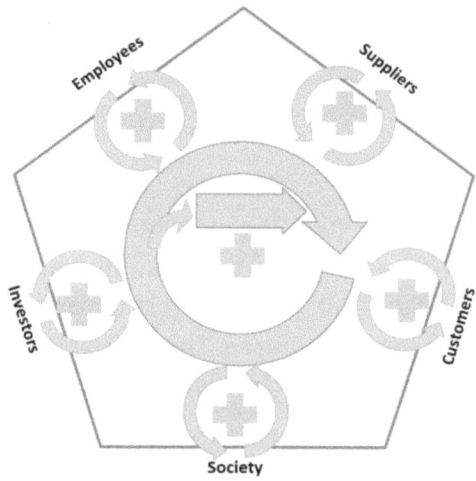

Figure 26: The positive feedback loops of the organization. On the outside are the symbioses to stakeholders. On the inside is the feedback loop of autocatalysis

An organization has symbiotic relationships with several stakeholder groups, such as investors, employees, suppliers, customers, and society. It creates something and gives it to the stakeholders.

For the stakeholders, this means an advantage. Therefore, they are interested in the maintenance and survival of the organization. They give something back. The organization takes these resources from outside and refines them. From them, the modules for the best working conditions are created.

By providing the best working conditions for all processes, the organization is then able to give again.

A cycle is created from these relationships. The organization gives something, in return it gets something, which it uses to create the best working conditions so that it can then give again.

Growth occurs when autocatalysis creates better and better working conditions, and stakeholders are better and better understood. Because then more benefits can be created for the stakeholders and the organization gets more resources back.

Most of the time, however, there are bottlenecks in the cycle at different time horizons. Therefore, the organization also contains mechanisms to identify and eliminate these bottlenecks. These are then based on negative feedback loops. They work to bring the system closer and closer to the ideal state of growth and reduce the delta.

Let's take a closer look at these system dynamics.

3.2   Functional blueprint

These basic system dynamics can be broken down into smaller sections, called functions. This makes it easier to operationalize the system dynamics. We will first discuss these functions individually and integrate them together in a functional blueprint at the end.

Functions

The first function is *Create best working conditions.* It contains the work preparation processes and ensures that all processes in all functions run very efficiently and effectively. All other functions supply directly or indirectly to this function.

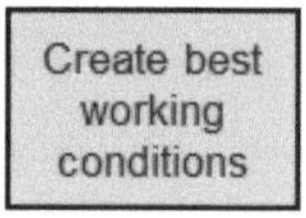

Figure 27 Creating the best working conditions for all processes is the core process

From here, we now follow the prerequisites backwards. The best working conditions require both the right resources and the specific know-how for the process in question.

The working time of qualified employees and also the tools and materials as well as exclusive rights are resources. Let us first assume that the organization owns these resources. Then they must be allocated, i.e. exclusively assigned, by the function *Allocate resources* for a task. Of course, the function must know the inventory and the demand for all types of resources.

The specific know-how, on the other hand, comes from knowledge management. Since knowledge can simply be copied, it does not have to be allocated exclusively. Nevertheless, it must be made available. The *Create knowledge* function first ensures that knowledge is present in the organization in the first place. This knowledge about processes is the DNA of the organization. Ideally, this knowledge is documented.

The *Create skills* function contains all processes such as training and coaching that result in this existing process-specific knowledge reaching the employee.

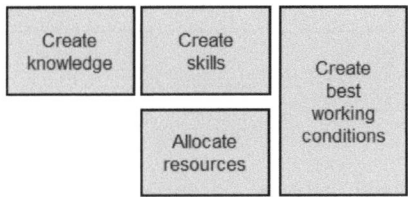

Figure 28 Best working conditions require the provision of all resources and the presence of skills

Where does the function *Allocate resources* now get the working time and the skills of the employees? Where does it get the appropriate tools and materials?

First, like all resources, these come from stakeholders. There is a give and take. In giving, something is produced and exported that the stakeholders need. In taking, something is received from the stakeholder and then developed so that it can be used as a resource for the best working conditions. In addition to this exchange, there must also be communication with the stakeholders so that both sides understand what the other needs.

Stakeholder

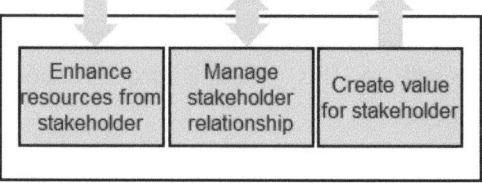

Figure 29 There are three functions for each stakeholder group: Managing the relationship, Creating benefits for the stakeholder, Refining the resources coming from outside.

In our case, the working time, personality and previous knowledge comes from the employees. In the function *Develop employees,* employees are trained step by step by the organization so that they acquire all the skills to be used for tasks.

Employees

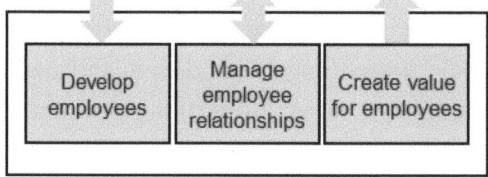

Figure 30 The organization's relationship with employees

In return for the work performance, the organization with the function *Create value for employees* must also pay the employees and offer them an attractive working environment.

The *Manage employee relationships* function involves communication throughout the entire lifecycle, from the employee search, the hiring process, and regular exchanges to the termination of the relationship. Here, there is no direct benefit created for employees, only communication. The organization must clearly understand the interests of the employees and, conversely, clearly present what it expects from the employees.

The relationship with other stakeholders works similarly.

The example of employees and suppliers already shows that the organization needs money for the payment of working time and materials. This comes from the customer in return for the creation of customer value. Since the customer often only pays after receiving the service, the investor also comes into play.

1. The investor provides capital
2. Employees and suppliers are paid with this
3. These provide working time, materials, and tools
4. The employees create the best working conditions for all processes from these factors
5. This allows products to be created and services to be provided with customer benefits
6. The customer pays
7. Taxes are paid from the revenue
8. The investor receives a dividend

These resource flows combine the give and take of all stakeholder relationships with creating the best working conditions. The positive feedbacks of the best working conditions and the successful symbioses create the growth.

However, growth is limited by the bottlenecks in the internal and external world. Thus, the organization has the functions of *Perceive*, *Interpret* and *Decide*. These first two serve to recognize and the latter function to eliminate the bottlenecks.

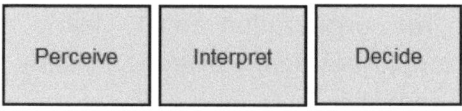

Figure 31 The organization must perceive its internal and external world, interpret this data, and derive decisions from it

Functional blueprint

Integrating all these functions into a single diagram, results in the functional blueprint. This contains the essential functions to realize growth.

In this example, the blueprint contains 5 stakeholder groups and therefore $22 = 3*5 + 4 + 3$ functions. In some organizations, there may be a different number of stakeholder groups.

Of course, this blueprint can also be supplemented or modified in other ways. It merely serves as a starting basis for the joint detailing of the processes.

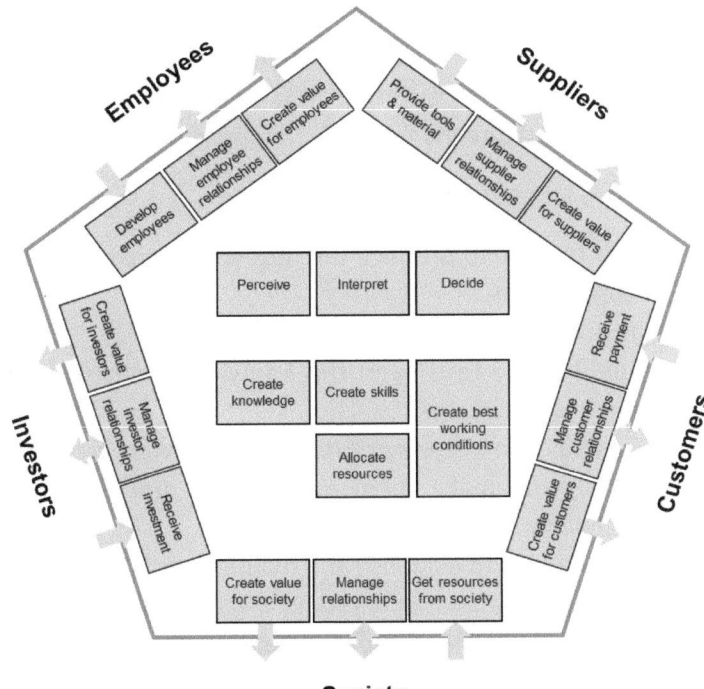

Figure 32 The functional blueprint contains the essential functions to practically
implement the system dynamics of living beings.

3.3   Necessary skills

If every living organization can be structured according to these functions, then every organization also needs similar capabilities. These can be derived directly from the functions of the blueprint.

What skills does an organization need?

1. It must be able to produce the best working conditions for its processes itself.
2. It must be able to document knowledge
3. It must be able to convert this knowledge into skills and put them to practical use.
4. It must have an overview of its resources (working time, tools, material) and make them available for the processes in a targeted manner
5. It must be able to establish and maintain relationships with its stakeholders. It must understand what stakeholders need and communicate to stakeholders what it needs itself.
6. It must produce benefits for stakeholders.
7. It must refine the resources from the stakeholders in order to process them into the best working conditions with a perfect fit
8. It must perceive the inner and outer world
9. It must identify where the bottleneck of the organization is located
10. It must be able to turn off the bottleneck.
11. It must limit its growth if it serves the higher system.

These skills are needed not only by the organization as a whole, but by every team and, ideally, by all employees. (The growth limitation here does not refer to people, but to being able to take a step back for the benefit of the overriding success).

However, since not all employees already have these skills innately, it is consequently the task of the organization to train these skills. This is part of the function *Developing employee skills*. Only when enough employees have acquired these skills can they independently form lively teams.

3.4 Distributed systems

Stem cell

Let us now assume that the CEO or the leadership circle of an organization already has all the necessary skills and is jointly responsible for the organization.

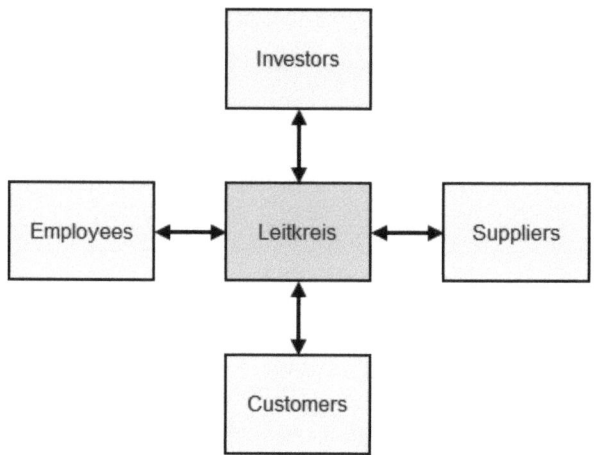

Figure 33 leadership circle team is responsible for the entire organization and thus for all functions of the organization.

The leadership circle can now use the functional blueprint to jointly understand which of the functions are running well or poorly, which bottlenecks exist, and where they can be improved. This already corresponds to the functions *Perceive, Interpret and Decide.* We will look at these functions in more detail in the next chapter.

Cell division

First of all, the members of the leadership circle can specialize. In the case of functional specialization, they divide the functions of the blueprint among themselves so that someone is responsible for each function. In other subdivisions, for example by regions or markets, everyone is responsible for all functions, albeit for other regions or for other markets.

As soon as the division is clear, additional employees can be brought in. Sub-teams can then be formed with them, which then only deal with specific functions. However, the leaders of these sub-teams still meet in the leadership circle, where the overall picture is discussed. This creates a recursive nesting of the teams.

Already here the first challenges arise. Each of the newly created teams should again be a living system and must therefore have the ability to create the best working conditions for themselves, to expand their know-how, to manage their resources, to establish and maintain good relationships with others, and to identify and eliminate the bottlenecks of their own team.

However, this ability is often not given. Either the leaders of the new teams train all new employees in these skills, or they delegate this to a trainer and coach.

Together, these sub-teams then cover the functions of the higher-level team completely and without overlap. Collaborations arise between these teams at the same level. They supply each other with resources. The collaborations correspond exactly to the dependencies between the functions.

What does that look like in practice?

One possible subdivision in the project business is the separation of resource provision from project execution. The project teams only deal with the customer, while the line organization maintains the relationship with all other stakeholders.

The resource delivery sub-team ensures that the other sales and projects sub-team gets the right people and tools and enough chapters. Conversely, sales and projects earn the money, which flows back to the first team.

If you look at the functional blueprint, you can clearly assign which team is responsible for which functions.

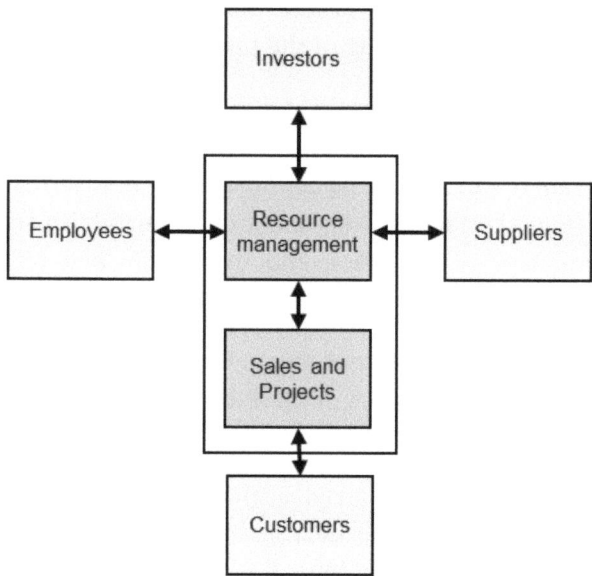

Figure 34 The representatives of the leadership circle team specialize in different stakeholders. They establish two specialized subteams. The leadership circle team (in the background) ensures that the two teams work together perfectly.

Organs

As more and more people become involved, the overall system splits even further. The resulting organizational parts of the upper levels correspond to organ systems and organs. Each organ assumes a task for the overall organism.

For example, there are specialized departments for finance, purchasing, human resources or sales that focus on relationships with specific stakeholder groups. Other teams take care of knowledge management, others resource management.

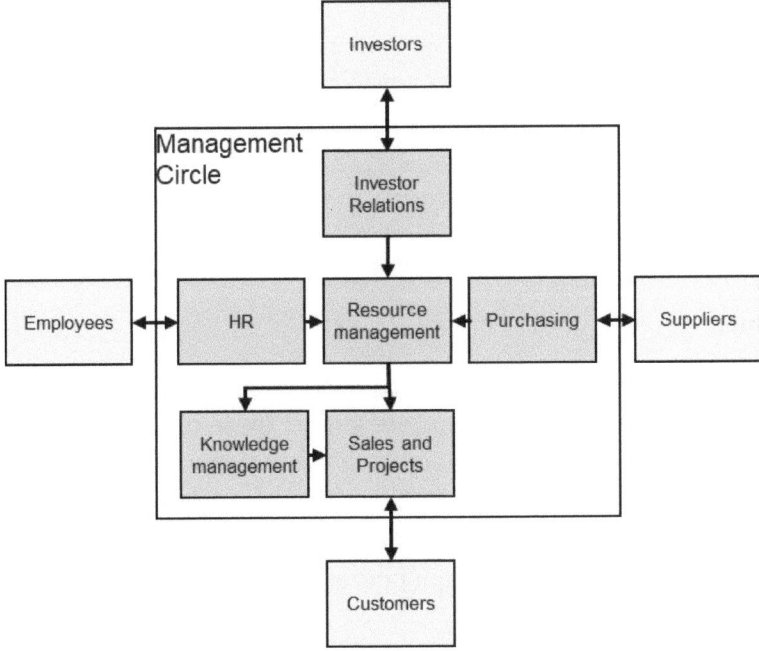

Figure 35 The teams continue to divide and specialize. The leaders of the teams meet in the higher-level leadership circle.

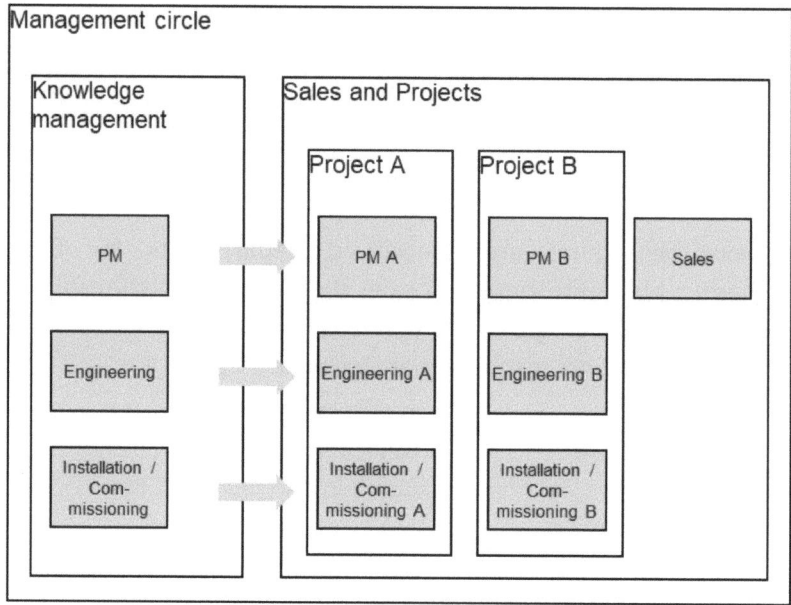

Figure 36 As teams grow, they can create subteams. The leaders of the subteams continue to form the parent team.

Tissues

In practice, there are organizational parts that have significantly more work than others and are therefore larger. These organizational parts are subdivided accordingly deeper. If the neighboring teams of the lower level belong to the same team type, i.e. have the same tasks, and have been divided into several teams only because of size, this corresponds to a tissue of the organization.

What does it matter now?

The key points are as follows:

1. The concept of viability is recursively constructed.
2. Each team must be viable.

3. To perform the necessary functions of viable systems, each team must have the necessary knowledge.
4. There is a Team 1, which is responsible for the entire organization.
5. Each team consists of one or more participants. If it has only one participant, it corresponds to one role.
6. The participants of a team can create sub-teams by splitting the functions on their level completely and without overlap. The relationships of the functions thus become the collaborations of the teams. The sub-teams thereby also have different stakeholders than the parent team.
7. Representatives of the sub-teams are represented on the parent team.
8. The higher-level team ensures that the collaborations are divided up in a sensible way and function properly.
9. Since recursion goes from the organization down to the employees, all employees must have the skills to design living systems. These are important skills for self-organization.
10. The organization must systematically develop these skills in all employees.
11. The recursion is compelling because creating the best working conditions, i.e. the last mile, always lies within each team, and the resources necessary for this in their raw form always come from outside, no matter what level the team is at.

In the end, a recursive structure of living systems emerges.

Anyone who wants to delve deeper into the recursive structuring of organizations and the principles should definitely read the book "The Third Dimension of Organizing". There, the Viable System Model is explained very precisely and, above all, very comprehensibly. It shows in great detail how to design large organizations. [8]

---

[8] See (Pfiffner, 2020)

4   The first steps

How can one now proceed to introduce the system in one's own organization? A detailed description of the methods would unfortunately go beyond the scope of this short introduction. There will be a separate method book on this topic in the near future. Nevertheless, I would like to briefly describe here how to introduce this system step by step in a real organization.

Step 1: Define the system

First, you need to determine for which organization you want to implement this management system. The easiest way is to start with your own sphere of influence. This could be your own self-organization, your own department in a large company, or a whole company.

If you want to introduce it in a department or for the entire company, you can now consider whether to start alone or with a small core team. Typically, this would be the leadership circle members of the selected organization.

You should explain to them in advance why you want to introduce exactly this management system: it is logically structured, has clear system dynamics, it is practice-oriented and can be linked to many concrete methods. With the help of the management system, one can jointly map, prioritize and eliminate the problems. Since it is structured recursively, each participant can then also use it in his or her own area.

Then, as an introduction, one should explain the system dynamics, the functional blueprint, and these steps. However, the introduction does not have to explain biology or systems theory. That would unnecessarily scare off some fellow participants. The starting point is only the logic of the functional blueprint.

At the end of this first step, you should have the agreement and motivation of the core team to go through the following steps together.

Step 2: Understand stakeholder relationships

Now that the system boundary has been defined in the first step, and it is clear what is inside and outside, one can further detail the organization's relationship to the outside world.

So it's all about the stakeholder groups. In most cases, these are the customers, suppliers, employees, and investors, as well as the environment. But it can also be the neighboring departments with which the organization works directly.

What are the key stakeholder groups the organization works with? For whom do you produce something? From whom do you get something?

It is sufficient to focus initially on the five most important stakeholder groups. Later, these can always be further subdivided or supplemented.

After identifying these groups, the symbioses are discussed for each group, i.e. the give and take. What do the stakeholders expect from the organization? What does the organization expect from the stakeholder group? Again, the top five expectations for each will suffice.

Let's take the relationship with employees as an example. The organization may expect motivation, discipline, teamwork, diligence, and creativity from the employees. Conversely, the employees expect interesting tasks, a good working atmosphere, development opportunities, a sense of purpose as well as a stable environment from the organization.

Now you can evaluate each point according to two criteria. How important is the point to the receiving side relative to the other points? How good is the donor side at delivering it? In this way, one can systematically go through all stakeholder relationships.

The result is then used further in two ways. First, good **value propositions** can be formulated from the most important points of giving. Second, one can derive need for improvement from the important but poorly fulfilled points of give and take.

Step 3: Define mission and vision

The **vision statement** often describes what benefits the organization should create for the various stakeholders. It can therefore be built from the results of the last step by combining the key points for each stakeholder group.

Example: "We offer our employees interesting tasks in an important industry. We offer a very good working atmosphere..."

Now it is often the case that the organization does not always deliver this today. But it has been declared the common goal of the organization through the vision statement. Through this connection of the statements to the stakeholder relationships, you also get indirectly the relationship to the improvements.

The organization can therefore portray that it understands the needs of stakeholders but is also aware of current shortcomings and already has measures in place to improve.

The **mission statement** is usually strongly focused on customers, customer benefits and the product. Sometimes it also refers to the benefits for society and the environment. Here, too, a link can be established to the stakeholder relationships and the value propositions.

The advantage of this approach lies in the grounding of the vision and mission statements. They do not simply come out of nowhere but are the result of a systematic examination of all stakeholder relationships. It is therefore not a problem if the vision statement does not include all stakeholders and all points. It is just a short form of a selection of issues linked to the bigger picture. This larger picture is the collection and evaluation of mutual expectations about all stakeholders that can be used for both communication and improvement.

Step 4: Collect numbers, data, facts

In the previous step, the organization was still viewed as a black box and examined only in terms of its relationships with the outside world. Now the focus is on the inner world.

For this purpose, you can use the functional blueprint, which shows which functions are necessary for the growth of the organization.

Most organizations already have key performance indicators. These could be, for example, key figures on incoming orders, resource availability, employee satisfaction, supplier reliability, project results or profit.

First, one should try to locate these already existing metrics in the blueprint. Which stakeholder group does a metric deal with? Does it describe the output of a function or rather its input, i.e., resource requirements? Does it characterize throughput or cycle time? Or perhaps it is about assessing a stakeholder's satisfaction?

By placing the key figures, you may find that you know a lot in some areas, but there is missing transparency in others. Here you can consider which key figures are missing and should be newly created.

At this point, you can also ask yourself which key figures are collected by whom and how often. Which key figures do you get once a quarter, which monthly? Which ones have to be up-to-date or real-time?

By locating the key figures in the blueprint, one gets a clear link to the functions. Thus, the metrics are indicators that help to find out whether a function delivers good results or not. So you can also use the structure of the blueprint as a dashboard.

If the KPI system is in place and the expectations of the stakeholders are clear, the *Perceive* function has already been carried out in its simplest form. Of course, a lot of information is still missing. But perceiving is a regular task anyway, so you can expand the picture of the internal and external world step by step at any time.

On this basis, we can now turn to the *Interpret* function. The interpretation is based on the perceived information.

Step 5: Find bottlenecks

Now that the core team already knows which metrics and which stakeholder relationships need to be improved, dialogue can be used to discuss why the numbers are bad and the stakeholders are dissatisfied.

From experience, everyone has their own theory here. So that opinion does not stand against opinion here, everyone should explain his hypothesis on the basis of the functional blueprint. For this, one proceeds as follows: One starts with the function, which delivers the poor results. If this function has problems, then either the direct input of another function is missing, or the function obviously has no best working conditions. Now follow the blueprint backwards to the factors. Is it the lack of employees? Possibly tasks could not be filled because the qualifications do not exist. Perhaps the cause is the training process, which has too few resources and thus too little capacity. Or perhaps the training takes too long.

Now you can go backwards step by step into the causes here.

In the dialog, one now tries to place the hypotheses next to each other and compare them. The key figures can be used to check the plausibility of the hypotheses. Ideally, the functions that need to be improved are identified together. In addition, one understands the causal chain from this function via other functions and key figures to the key figure or the stakeholder relationship that one wanted to improve. This causal chain with the key figures can later be used as part of a benefit map.

In this way, one can now identify two to three functions where the deeper cause of the problems lies.

Step 6: Analyze current process

For the identified functions, one can now drill deep and analyze the processes.

In this step it should be understood in detail why a function does not work as intended.

For example, if an organization's projects are always behind schedule, you can analyze the *Create Customer Value* function in detail. There is probably a standard process here that can be used to locate exactly which steps in the process are causing the delays.

All of this is still part of the *Interpret* function. The organization knows its biggest problems, can prioritize them, understands exactly why they exist, and has the will to act to change this.

Now you also understand the bottlenecks of the organization in great detail and can start to eliminate them.

Step 7: Determine future process

In the *Decision* function, a target state and an action plan are now developed step by step for each problem.

The target state describes how the processes should look in the future. The action plan describes how to get from the current state to the target state.

This working out of a target state is now no longer a perception or interpretation. It is already the first decision, which then becomes more and more detailed.

One plays through the possible target states. When should this state be reached? What might the processes to be improved look like in the future? Why would this lead to an improvement in the key figures? The more detailed one understands the current state, the better one can also forecast whether the potential target states are better or worse, and the better one can consequently compare them.

Perhaps one cannot yet decide on a direction. At the moment, you don't know how many resources and how much time it will take to reach the target state.

Step 8: Work out improvements

Now the only question is what it will take to replace the old process with the new one. So, what is needed is a plan of action. To do this, one first examines what would be the best working conditions for the new process: People, machine, material, method. Some factors may already be in place. Some need to be adapted. Others must first be created as part of an improvement project.

From this perspective, it is now possible to plan how to create these missing factors. Who can do this? How long will it take? From this, one can then derive the costs and duration for creating the best working conditions of a new process.

If there were still multiple options for the target states, they can now be compared. Each possible target state has a measurable benefit that can be measured by metrics, and it takes time and resources to achieve.

After all, there are several problems in the organization, you can first collect all the target states and action plans, and then decide afterwards how to produce the maximum benefit with a limited number of employees.

This is also the transition from *decision-making* to the function of *providing resources*, which must ensure that the appropriate employees are found for the improvements.

Step 9: Determine division of labor

So in the last steps we have understood where the bottlenecks of growth are. We have found out where the causes are, which processes need to be improved and which improvement measures need to be started.

Now, one could simply distribute these measures among the team members. In larger organizations, however, this would not make sense. After all, new problems and needs for improvement are constantly emerging, and you can't always have the core team analyze and fix them.

At this point, the analogy of the multicellular organism helps. As already shown, teams can grow and divide. After that, the resulting teams can specialize and thus make their contribution to the overall success.

The core team can therefore create sub-teams, each of which is led by a participant of the core team. Each of the sub-teams is then responsible for a set of functions.

For example, one sub-team may be responsible for creating customer benefits, i.e., for value creation. Another is responsible for providing the necessary know-how. A third is responsible for relationships with employees and suppliers.

Responsibility for these functions goes hand in hand with clearly defining the associated processes and providing them with key figures. This data is then made available to the higher-level system.

The concrete task of this step is therefore to distribute the functions of the organization among the members of the core team. These can then bring in other colleagues, and then create a sub-team. The collaborations of these sub-teams come directly from the functional blueprint. The sub-teams get their neighboring teams as internal stakeholders.

Step 10: Distribute work

After the core team has built its sub-teams, it can distribute all improvement activities to those sub-teams.

For each improvement, it is now clear which processes are to be improved. In addition, one can see and discuss the causal chain in the blueprint: One can see which key figures should change when the processes have been improved.

Dividing the build plan among the sub-teams allows the core team to focus on staying on top of things and allocating resources well.

What's next?

After the first ten steps, you have established a core team that has an overview of the overall system. This core team understands the system dynamics of growth that underlie the blueprint. Through the metrics, it is now possible to regularly examine the functions where the system dynamics have the bottlenecks. By fully allocating responsibility to the sub-teams, one can now have more focused investigation of what needs to be done. In the short term, you can put more resources into one function. In the medium term, you can train employees there better, and in the long term, you can redesign the processes.

Why does this result in an autopoietic system?

The core team apparently performs the same tasks as a living being: Internal and external perception, as well as recognizing and eliminating the bottlenecks of growth.

Since the blueprint already models the system dynamics of a growing system, the core team will move the organization closer and closer to the ideal state of the living being.

This is exactly what also happens in living beings. The mechanisms of homeostasis permanently reduce the difference between the current state and the ideal state of an autopoietic system.

The moment they consider the blueprint of a living being with its positive feedbacks as an ideal state, and with negative feedbacks they reduce the difference from the current state to the ideal state, their organization is already a virtual living being.

5 Summary

Let's look back at the last few chapters to get the big picture.

Autopoiesis is one of the most important concepts in systems theory. It describes the phenomenon that systems can create themselves. Models such as Stafford Beer's Viable System Model are based on this. They concede that in autopoiesis lies the reason for growth, but they do not explain how to realize it. The system theorist Luhmann also sees autopoiesis as one of the supporting concepts without which no social system can be understood.

In recent decades, however, biology has worked out more and more precisely how cells create themselves. For a biologist, the reason why cells grow is no longer a mystery.

So, we have studied these biological mechanisms step by step and abstracted them so that we can also transfer the principles to organizations and introduce them in practice.

From the totality of these translations, a clear system dynamic of growth emerges, which can be used as the basis of a functional organizational blueprint.

This blueprint can now be used to work together to better understand your organization, identify the bottlenecks to growth, and eliminate them.

Conclusion: Autopoiesis is not a mystical concept of systems theory but can be understood very precisely and also implemented practically.

Of course, this book was only a very brief introduction to the subject. If you would like to know more about it now, I would like to recommend two other books.

A clearly detailed presentation of autopoiesis is available in my dissertation "Viable Project Business". It contains even more translations and also describes the practical implementation in a large organization.[9]

For those who prefer more entertainment, the same topic can also be read in novel form. In the business novel "Cell Culture," Moritz Hornung and I have packaged the findings in an exciting story.[10]

I hope the book has given you some new inspiration. If you liked it, I would be very happy about a recommendation, a review or your direct feedback to me.

Live long and prosper,

Clemens Dachs

---

[9] See (Dachs, Viable Project Business, 2021)
[10] See (Dachs & Hornung, Zellkultur, 2021)

6 Bibliography

Agile Manifesto. (2018). *Agile Manifesto.* Retrieved 02 04, 2018, from agilemanifesto.org

Alberts, B., Johnson, A., Lewis, J., Raff, M., David, M., Roberts, K., & Walter, P. (2015). *Molecularbiology of the cell, 6thEdition.* Abingdon: Garland Science.

Allen, D. (2013). *Getting things done.* New York: Penguin Books.

Beer, S. (1990). *Diagnosing the system for Organisations.* Chichester: John Wiley & Sons.

Beer, S. (1995). *Brain of the firm.* New York: Wiley.

Berghaus, M. (2011). *Luhmann leicht gemacht, 3. Auflage.* Köln: Böhlau Verlag.

Covey, S. R. (1989). *7 Habits of Highly Effective People.* New York: Simon & Schuster.

Csikszentmihalyi, M. (2003). *Good Business. Leadership,Flow, and the Making of Meaning.* New York: Viking.

Dachs, C. (2021). *Viable Project Business.* Heidelberg: Springer.

Dachs, C., & Hornung, M. (2021). *Zellkultur.* Vachendorf: Nova MD .

EcoCyc. (2018). *EcoCyc E. coli database.* Retrieved 02 04, 2018, from ecocyc.org

Floyd, T. L. (2015). *Digital Fundamentals - Eleventh Edition.* Boston: Pearson.

Frahm, M., & Rahebi, H. (2018). *Kybernetik, Lean, Digital.* Amazon kindle publishing.

Fuchs, C., & Golenhofen, F. (2019). *Mastering Disruption and Innovation in Product Management.* Heidelberg: Springer.

Goldratt, E. M. (1990). *What is this thing called Theory Of Constraints and how should it be implemented.* Great Barrington: North River Press.

Goldratt, E. M. (1992). *The Goal. Excellence in Manufacturing.* Great Barrington, USA: North River Press.

Goldspink, C., & Kay, R. (2009). Autopoiesis and Organizations: A biological view of social system change and methods for its study. *Elsevier Science.*

Holacracy . (2018). *Holacracy - Self-management practice for organizations.* Retrieved 02 05, 2018, from Holacracy - Self-management practice for organizations: www.holacracy.org

Hordijk, W. (n.d.). Autocatalytic sets: From the Origin of Life to the Economy. *Biosciencemag, Vol63, N.11,* pp. 877-881.

Hordijk, W., & Mike, S. (2012). Autocatalytic sets extended: Dynamics, Inhibition and a Generalization. *Journal of Systems Chemistry.*

Hoverstadt, P. (2022). *The Grammar of Systems.* SCiO.

Luhmann, N. (2011). *Organisation und Entscheidung.* Wiesbaden: VS-Verlag.

Luhmann, N., & Baecker, D. (2017). *Einführung in die Systemtheorie.* Heidelberg: Carl-Auer Systeme Verlag.

Malik, F. (2008). *Strategie des Managements komplexer Systeme - 10. Auflage.* Bern: Haupt Verlag.

Malik, F. (2016). *Strategy for managing complex systems.* Frankfurt: Campus Verlag GmbH.

Maturana, H. R., & Varela, F. J. (1980). *Autopoiesis and Cognition.* Kluwer: Dordrecht.

Meadows, D. H. (2008). *Thinking in Systems.* Chelsea: Chelsea Green Publishing.

Open Worm. (2018). *OpenWorm.* Retrieved 02 28, 2018, from Building the first digital life worm: www.openworm.org

Padgett, J. F., & Powell, W. W. (2012). *The Emergence of Organizations and Markets.* Princeton: Princeton University Press.

Pfiffner, M. (2020). *Die dritte Dimension des Organisierens.* Springer Gabler Verlag.

Robertson, B. J. (2014). *Holacracy - The new management system for a rapidly changing world.* New York: Henry Holt & Company.

Sadava, D., L., H. D., Heller, H. C., & Berenbaum, M. R. (2011). *Biologie, 9. Auflage.* Heidelberg: Spektrum Akademischer Verlag.

Schiller, F., & Heider, M. (2022). *SCRUM Master Kompagnon.* d.punkt Verlag.

Senge, P. M. (2006). *The Fifth Discipline.* New York: Currency Doubleday.

Sobek, D. K., & Smalley, A. (2008). *Understanding A3 Thinking.* Boca Raton: CRC Press.

Sterman, J. D. (2010). *Busines Dynamics, Systems Thinking and Modeling for a complex world.* New Delhi: Tata McGraw Hill Education Private Limited.

Tanenbaum, A., & Austin, T. (2013). *Structured Computer Organization - Sixth Edition.* Boston: Pearson.

Wiener, N. (1949). *Cybernetics: Or Control and Communicaion of Animal and Machine.* Paris: MIT Press.

GKV-Rezepte beliefern in der Apotheke:

Rechtlicher Hintergrund - SGB, Rahmenvertrag, Rabattverträge

AF219468

Thomas Wurm

GKV-Rezepte beliefern in der Apotheke:
rechtlicher Hintergrund - SGB, Rahmenvertrag, Rabattverträge

Impressum

Die Informationen in diesem Buch wurden mit großer Sorgfalt zusammengetragen, insbesondere mit dem Ziel, einen Überblick über die rechtlichen Hintergründe der Thematik zu vermitteln. Es kann in konkreten Fragen der Abrechnung keine Haftung für die Richtigkeit übernommen werden. Auskünfte erteilen Rechstbeistände, Ihr Apothekerverband bzw. bei Ärzten die KV.

Bibliografische Information der Deutschen Nationalbibliothek:
Die Deutsche Nationalbibliothek verzeichnet diese Publikation in der Deutschen Nationalbibliografie; detaillierte bibliografische Daten sind im Internet über http://dnb.dnb.de abrufbar.

© 2022 Thomas Wurm

Herstellung und Verlag: BoD – Books on Demand, Norderstedt

ISBN: 978-3-7557-9649-7

Inhalt

Abschnitt 1
Begriffe, Abkürzungen und Übersicht über rechtliche Bestimmungen

Ärzte

Die lebenslange Arztnummer (**LANR**) hat 9 Stellen, mit ihr ist der Arzt lebenslang eindeutig identifizierbar; auch seine Fachgebiete sind erkennbar.

Die Betriebsstättennummer (**BSNR**) entspricht der früheren KV-Abrechnungsnummer, ergänzt um zwei angehängte Nullen. Sie identifiziert die Arztpraxis, ein Medizinisches Versorgungszentrum (MVZ) oder eine Notfallambulanz als abrechnende Einheit. Damit wird der Ort der ärztlichen Leistung festgelegt. Es gibt auch eine NBSNR (Nebenbetriebsstättennummer).

Einem Arzt können mehrere solcher Nummern zugeordnet sein, z.B. werden für verschiedene Fachrichtungen unterschiedliche Nummern (LANR) eingesetzt. Oder ein Arzt ist in mehreren Betriebsstätten (BSNR) tätig.

Apotheke

ApoG: Im Apothekengesetz es geht um die Fragen welche Art von Apotheken gibt es, wer darf sie betreiben, wie erhält man eine Erlaubnis zum Betrieb einer Apotheke; hier ist auch geregelt, dass eine sog. Versandapotheke immer eine im jeweiligen Land gültige Betriebserlaubnis benötigt, um zu liefern; eine Versandapotheke in Deutschland benötigt also immer eine normale Apothekenbetriebserlaubnis. Manche AM sind vom Versandhandel ausgeschlossen (z.B. AM auf T-Rezept, BtM, „Pille danach").

ApBetrO: Apothekenbetriebsordnung: Sie regelt die Vorgänge in einer deutschen Apotheke, also z.B. welche Waren geführt werden dürfen, was bei der Lagerung zu beachten ist, welches Personal welche Tätigkeiten ausführen darf, inwieweit Stoffe oder Produkte geprüft werden müssen, was bei einer Herstellung von

1

Arzneimitteln zu beachten ist uswusf. Ein Paragraf beschäftigt sich auch mit der Abgabe von Arzneimitteln. Dort ist auch festgelegt, dass ärztliche Verschreibungen unverzüglich (also ohne schuldhaftes Zögern) auszuführen sind. Man darf die Belieferung nicht ablehnen (Kontrahierungszwang).

Arzneimittel bzw. Fertigarzneimittel (AM, FAM)
Die meisten AM sind apothekenpflichtig; davon unterliegt wiederum ein Teil der Verschreibungspflicht gemäß **AMVV** (Arzneimittelverschreibungsverordnung) oder der **BtMVV** (Betäubungsmittelverschreibungsverordnung). Es gibt auch nicht apothekenpflichtige AM, das sind sog. freiverkäufliche AM. Dies ist in komplizierten Regelungen im Rahmen des AMG (Arzneimittelgesetz) festgelegt. Die nicht verschreibungspflichtigen AM werden auch als **SM-** (Selbstmedikations-) oder **OTC-** (over-the-counter-) AM bezeichnet.
AM-Preise: Verschreibungspflichtige AM unterliegen der **AMPreisV**. Auch Rezeptur-AM werden danach taxiert. Bei neuen, patentgeschützten AM kann ein Preis gemäß AMNOG (Arzneimittelneuordnungsgesetz) von einer dem Zulassungsverfahren nachgeschalteten Nutzenbewertung von einer Behörde quasi festgelegt werden.
AM-Zulassung: Gemäß **AMG** (Arzneimittelgesetz) sind alle **FAM** (Fertigarzneimittel, das sind AM, die in abgabefertiger Verpackung in den Verkehr kommen – keine FAM sind Rezeptur-AM) zulassungspflichtig. Jedes FAM braucht also eine gültige Zulassung für den Verkehr in Deutschland. Es erhält von der zulassenden Behörde eine Zulassungsnummer. (Es gibt wenige Ausnahmen: z.B. sind homöopathische AM eventuell nur registrierungspflichtig). Im Zulassungsverfahren werden die Qualität, die Wirksamkeit und das Risiko, also das Nutzen-Risiko-Verhältnis beurteilt. Eine Zulassung kann vorübergehend ruhen, oder sie kann entzogen werden, oder ein pharmazeutischer Unternehmer verzichtet darauf. Zuständige Behörden für Human-AM sind das BfArM

2

(Bundesinstitut für AM und Medizinprodukte), die EMA (European Medicines Agency) und das PEI (Paul-Ehrlich-Institut).

Bedenkliche AM: besitzen ein nicht akzeptables Nutzen-Risiko-Verhältnis. Sie dürfen laut AMG grundsätzlich nicht in den Verkehr gebracht werden.

Generische AM: Ein Generikum ist ein Nachahmerpräparat, welches auf ein patentgeschütztes AM folgt. Generika müssen zugelassen werden, allerdings ist das Verfahren vereinfacht. Der Nachweis der pharmazeutischen Qualität und der vergleichbaren Bioverfügbarkeit ist ausreichend. Studien zur Wirksamkeit und Unbedenklichkeit des Arzneistoffs müssen vom Antragsteller nicht durchgeführt werden, dieser kann auf die (ihm nicht bekannten) Studien des Erstanbieters Bezug nehmen. Falls der Erstanbieter im Zuge eines Life-Cycle-Managements seine Angaben zum Anwendungsgebiet nachträglich erweitert hat, sind möglicherweise solche Anwendungsgebiete für das Generikum gemäß seiner Zulassung in der Packungsbeilage nicht aufgeführt.

Import-AM: Für den Import von AM gibt es besondere Regelungen. Man unterscheidet zwischen Einzelimporten durch eine Apotheke (werden in diesem Ratgeber nicht besprochen) und Importen im großen Stil durch (meist darauf spezialisierte) Unternehmen. Solche Import-AM müssen eine Zulassung haben. Ferner lassen sich Importe aus EU-Staaten von solchen aus Drittstaaten unterscheiden (für uns sind Importe aus Drittstaaten ohne Belang).

Rezeptur-AM: Sie werden in Apotheken auf ärztliche Verschreibung oder auf Kundenwunsch hergestellt. Die Verschreibungspflicht ist zu beachten. Zur Sicherung der Qualität gibt die ApBetrO Normen vor, die über die Vorschriften des Arzneibuchs hinausgehen. Jede Rezeptur muss in der Apotheke auf ihre Plausibilität geprüft werden. Auch die Kennzeichnung erfolgt nach ApBetrO. Rezeptur-AM sind keine FAM und somit nicht zulassungspflichtig.

AM-RL: Arzneimittel-Richtlinie, siehe Richtlinien.

Betäubungsmittel (BtM): Derartige Mittel unterliegen strengem Recht. Sie werden eindeutig definiert, indem das **BtMG** eine entsprechende Liste anführt. Viele der BtM werden als AM eingesetzt und sind verschreibungsfähig. Ihre Verordnung auf ärztliches Rezept wird in der **BtMVV** (Betäubungsmittelverschreibungsverordnung) geregelt.

Diagnose: Es handelt sich um die Feststellung einer Krankheit durch eine die Heilkunde ausübende Person. Diagnosen werden gemäß ICD (Internationale Klassifikation der Krankheiten) in Gruppen eingeteilt bzw. nach ICD-10 mit einem Ziffernsystem verschlüsselt. Nicht jede Diagnose wird von der GKV erstattet. Eine Diagnose fällt unter die ärztliche Schweigepflicht, von der der Gesetzgeber den Arzt in besonderen Fällen entbinden kann.

EK: Einkaufspreis

G-BA (Gemeinsamer Bundesausschuss nach Sozialgesetzbuch): Dieser besitzt eine Schlüsselrolle bei der Konkretisierung der Vorschriften des **SGB V** (= Band V). Er setzt sich zusammen aus Vertretern der kassenärztlichen Bundesvereinigungen, der Deutschen Krankenhausgesellschaft und des Spitzenverbands der Krankenkassen. Apotheker sind aus unterschiedlichen Gründen nicht vertreten. Der G-BA hat Richtlinien über die Versorgung der Versicherten zu beschließen. Neben Richtlinien z.B. zur ärztlichen Behandlung oder zur Früherkennung von Krankheiten soll er solche über die Verordnung von Arznei-, Verband-, Heil- und Hilfsmitteln aufstellen, wie z.B. die AM-RL (Arzneimittel-Richtlinie). Dort schließt der G-BA die Verordnung von AM aus oder schränkt sie ein.

GKV: Gemäß SGB gesetzliche Krankenversicherung.

Heilmittel: sind persönlich zu erbringende Dienstleistungen, die vom Arzt verordnet werden. Beispiele sind Maßnahmen der physikalischen (Physiotherapie), podologischen, Sprach- oder Ergotherapie. Die Heilmittel-Richtlinie regelt deren Verordnung durch Ärzte bzw. die Versorgung der Versicherten mit Heilmitteln.

Hilfsmittel (HilfsM): sind rechtlich meist Medizinprodukte; sie sind im Bereich der Rehabilitation „Gegenstände, die im Einzelfall erforderlich sind, um den Erfolg einer Krankenbehandlung zu sichern, einer drohenden Behinderung vorzubeugen oder eine Behinderung auszugleichen, soweit sie nicht als allgemeine Gebrauchsgegenstände des täglichen Lebens anzusehen sind". Es gibt eine HilfsM-Richtlinie und ein Hilfsmittel-Verzeichnis für die GKV-Versorgung und umfassende Sonderregelungen.

Institutionskennzeichen (IK): Nach SGB V ist es das offizielle Kennzeichen der Leistungserbringer für Abrechnungszwecke. Es wird nicht nur von Apotheken, sondern auch von Augenoptikern, Physiotherapeuten, Krankentransportunternehmen usw. verwendet. Auch die Versicherungsträger, also die Kranken-, Renten-, Unfallversicherungen usw. haben jeweils ein IK.

KK: Krankenkasse.

KV: Kassenärztliche Vereinigung. Die auf Landesebene operierenden KVen sollen unter anderem mit den Landesverbänden der KK die Vergütung der vertragsärztlichen Leistungen regeln und die Honorare verteilen.

„Lauer-Taxe": Eigentlich ist damit das Preis- und Produktverzeichnis bzw. die Liste der Artikelstammdaten gemeint, die in 14tägigem Abstand aktualisiert wird und in die Apotheken-EDV eingepflegt wird. Ein gelistetes Produkt kann jedoch AV bzw. außer Vertrieb/außer Handel sein.

Lebensmittel (LM): Sie „dienen der Ernährung" und unterliegen dem Lebensmittelrecht. Sie müssen entsprechend gekennzeichnet werden. Erlaubte zugesetzte Zusatzstoffe sind in einer Verordnung geregelt. Eine Zulassungspflicht besteht nicht. Herstellende Betriebe werden gemäß LM-Recht überwacht.

NEM: Nahrungsergänzungsmittel sind in erster Linie LM und unterliegen dem LM-Recht bzw. der NemV (NEM-Verordnung). Für diätetische Lebensmittel gibt es die **DiätV**. Diese LM müssen „einem besonderen Ernährungszweck" dienen, der durchaus krankheitsbezogen sein darf. Die Eignung eines diätetischen LM muss durch Studien belegt sein. Eine Zulassungspflicht besteht nicht.

Die Abgrenzung AM – LM ist oft schwierig und wird erst durch einen Richterspruch endgültig. Ein Produkt ist aber entweder AM oder LM.

Lieferverträge: Sie konkretisieren Angelegenheiten zwischen den Leistungserbringern und den Kostenträgern – in unserem Fall also zwischen Apotheken und KK, die nicht auf der Ebene der Rahmenverträge eindeutig geregelt sind

Medizinprodukt (**MedP**): Diese Produktgruppe wird im MPG (Medizinproduktegesetz) definiert. Statt einer staatlichen Zulassung bedürfen sie einer Zertifizierung, die z.B. durch den TÜV geschehen kann. Als wichtigstes Abgrenzungsmekmal gilt ihre physikalische Wirkung (im Gegensatz zu AM, die pharmakologisch wirken). Bei Gegenständen wie Herzschrittmachern oder Blasenkathetern ist diese Abgrenzung unproblematisch. Eine Reihe von MP ist jedoch AM-ähnlich. So können visköse Augentropfen oder osmotisch wirkende Laxanzien MP sein, da sie physikalisch wirken (in diesen Produktgruppen finden sich häufig auch AM, die nach AMG zugelassen sind; diese Zulassungen sind bereits vor vielen Jahren erfolgt und nicht einfach erloschen).

Notfall: In diesem Fall ist in der Apotheke – wie überall – Erste Hilfe zu leisten und der Rettungsdienst bzw. Notarzt zu rufen. Der Notfall ist abzugrenzen vom **dringenden Fall**. Im dringenden Fall kann ein AM eventuell ohne ein vorliegendes Rezept abgegeben werden (zu den genauen Bedingungen siehe AMVV). Die BtMVV wiederum kennt das Notfall-Rezept, welches der Arzt für die Verordnung eines BtM ohne amtliches Rezeptformular ausstellen kann und in der Apotheke eingelöst werden darf. Im Rahmen eines **allgemeinen Notstands** gemäß Strafgesetzbuch/ StGB kann ein eigentlich ungesetzmäßiges Handeln gerechtfertigt sein. Dies käme bei Krieg, Aufruhr oder Naturkatastrophen in Betracht – für unsere Überlegungen spielt der allgemeine Notstand also keine Rolle.

Pharmazentralnummer (PZN): Sie ist ein in Deutschland bundeseinheitlicher Identifikationsschlüssel allgemein für Apothekenprodukte; sie stellt kein Qualitätskriterium dar, da die Nummer auf Antrag des vertreibenden Unternehmens ohne weitere Prüfung vergeben wird. Die achtstellige Nummer mit vorangestelltem Minus-Zeichen kennzeichnet beispielsweise ein Arzneimittel eindeutig nach Bezeichnung, Hersteller, Stärke, Darreichungsform und Packungsgröße. PZN müssen im Fall der Abgabe von AM auf Rezept auf dieses gemäß ApBetrO gedruckt werden. Ärzte sind dazu angehalten, AM möglichst unter Angabe einer PZN zu verordnen.

Rahmenvertrag: Gemäß SGB V ist die Versorgung der Versicherten mithilfe eines bundesweiten Rahmenvertrags zwischen Apothekerschaft und GKVen zu regeln.

Rezept: Auch Verschreibung oder Verordnung. Diese kann auch auf elektronischem Weg erfolgen. Versicherten der GKV werden erstattungsfähige Arzneimittel oder Heilbehandlungen auf „Kassenrezepten" verordnet. Die Apotheke oder die

Behandlungseinrichtung rechnet die Kosten über Abrechnungszentren mit den Krankenkassen ab. Der Patient muss einen gesetzlich festgelegten Anteil zuzahlen. Für die Abrechnung mit den Krankenkassen sind spezielle Formulare zu verwenden. Diagnosen gehören nur dann auf das Rezept, wenn es im konkreten Fall vorgeschrieben ist.

Richtlinien: Folgende Richtlinien betreffen die ambulante Versorgung:
Die **Arzneimittel-Richtlinie** (AM-RL) regelt den Umfang des Leistungsanspruchs auf verordnete AM, Medizinprodukte und Diätetika. Sie wird vom G-BA erstellt und unter G-BA.de veröffentlicht. Viele wichtige Details sind beispielsweise in folgenden Anlagen zu finden:
Anlage I: OTC-Liste der verordnungsfähigen nicht verschreibungspflichtigen AM
Anlage II: Lifestyle-AM, nicht verordnungsfähig
Anlage III: weitere Verordnungsausschlüsse
Anlage V: Liste der arzneimittelähnlichen verordnungsfähigen Medizinprodukte
Anlage VI: Off-label-use
Anlage VII: Austauschbarkeit von Darreichungsformen

Hilfsmittel-Richtlinie inclusive **Hilfsmittelverzeichnis.**

Die **Schutzimpfungs-Richtlinie** regelt die entsprechende Leistungspflicht der GKV.

SGB: Sozialgesetzbuch; davon gibt es mehrere Bücher, wir beschäftigen uns in Zusammenhang mit der medizinischen bzw. pharmazeutischen Versorgung mit dem fünften Buch = **SGB V**. Dort sind die Grundlagen der Leistungspflicht der GKV bei der Verordnung von AM, Verbandmitteln, Blutteststreifen, Heilmitteln und Hilfsmitteln festgelegt.

Taxe: In einer Taxe werden Gebühren oder Preise festgeschrieben. In einer Arzneimittel-Taxe finden sich die im Handel befindlichen AM neben den **a.H.** oder **a.V.** (außer Handel, außer Verkehr) AM. In der Lauer-Taxe findet man neben FAM und MedP auch andere apothekenübliche Produkte (sogenannter ABDA-Artikelstamm) mit Pharmazentralnummern und Preisen. Ebenso findet sich dort die juristische Eingruppierung eines Produkts als verschreibungspflichtiges, apothekenpflichtiges, nicht apothekenpflichtiges AM, als Verbandmittel, MedP, HilfsM, Lebensmittel bzw. NEM usw.

Urkunde: Eine Urkunde gilt als verkörperte Gedankenerklärung, die als Beweis dient. Der Aussteller muss als konkrete Person hervorgehen. Es könnte das Delikt der Urkundenfälschung in Betracht kommen, wenn die Gedankenerklärung nicht vom Aussteller stammt. Nachträgliche Veränderungen können die Beweiskraft der Urkunde mindern. Im Fall eines Rezepts bedeutet das: Es ist Klarheit zu fordern, wer was ausgestellt bzw. verändert oder ergänzt hat.

Verbandmittel (oder Verbandstoff): Sind normalerweise MedP. Bei der Einführung des Begriffs Verbandmittel gab es noch keine MedP. Die Eingruppierung als Verbandmittel besitzt trotzdem für die Verschreibungspraxis eine Bedeutung. Eine Definition findet sich im SGB. Mit Arzneistoffen versehene Verbandmittel werden zu zulassungspflichtigen AM.

VK: Verkaufspreis.

Begriffe und Definitionen aus dem Rahmenvertrag

Akutversorgung: Der Rahmenvertrag unterscheidet zwischen **Akut- und Regelversorgung**. Bei der Akutversorgung handelt es sich um einen dringenden Fall, beispielsweise während des Bereitschaftsdiensts. Die Akutversorgung ist eigens geregelt; sie kann von der Regelversorgung abweichen, falls der verschreibende Arzt telefonisch nicht erreichbar ist.

Eindeutig: Die Verordnung eines AM ist eindeutig, wenn sie zweifelsfrei und unmissverständlich einem Eintrag im Preis- und Produktverzeichnis zugeordnet werden kann.

Ersetzen: Man ersetzt ein verordnetes AM, wenn man ein anderes AM nach den Regeln der Substitution in Zusammenhang mit dem Rahmenvertrag abgibt, beispielsweise ersetzt man ein verordnetes AM durch ein Rabatt-AM, ein preisgünstiges AM oder ein Import-AM. (Nachdem ein deutsches Original und sein Import-AM als identisch gelten, handelt es sich in diesem Fall nicht um einen Ersatz.)

Generikamarkt: Der Generikamarkt ist relevant, wenn es zu einer Verordnung generische AM gibt, z.B. bei einer Wirkstoffverordnung oder der konkreten („namentlichen") Verordnung eines AM ohne aut-idem-Kreuz mit generischer Auswahlmöglichkeit.

Importmarkt: Der Importmarkt ist gemäß Rahmenvertrag relevant, wenn es keine generischen AM gibt oder wenn ein konkretes AM verordnet wurde, das nicht gegen ein wirkstoffgleiches ausgetauscht werden darf (weil ein aut-idem-Kreuz gesetzt ist oder eine Substitution aus anderen Gründen ausgeschlossen ist).

Lieferfähig: Ein AM ist in der Apotheke vorhanden oder vom Großhandel beziehbar.

Nicht verfügbar: Falls ein AM nicht in angemessener Zeit beschafft werden kann, dann ist es nicht verfügbar. Ein Nachweis der Nichtverfügbarkeit ist erforderlich.

Ordnungsgemäß: Eine Verordnung kann ordnungsgemäß hinsichtlich von AMVV oder BtMVV sein. Darauf bezieht sich der Rahmenvertrag. In Lieferverträgen können weitere Vertragsinhalte konkretisiert sein, auf die der Rahmenvertrag nicht eingeht.

Preis- und Produktverzeichnis: Es handelt sich um das früher „Lauer-Taxe" genannte „Arzneispezialitätenverzeichnis", welches die IFA erstellt. Bei der IFA (Informationsstelle für Arzneispezialitäten) handelt es sich um eine GmbH, die den Auftrag aus dem SGB umsetzt, ein eindeutiges Preis- und Produktverzeichnis mit entsprechenden Kennziffern (PZN) zu erstellen. Unternehmer melden ihr Produkt bei der IFA an, um eine PZN zu erhalten. Neben Arzneimitteln können auch andere apothekenübliche Produkte wie MedP, NEM oder HilfsM eine PZN erhalten. Einem FAM muss dabei eine Darreichungsform bzw. eine Abkürzung aus einem Katalog von Darreichungsformen zugeordnet werden. FAM mit identischem Kürzel besitzen somit eine identische Darreichungsform. Diese Information ist für den Austausch bzw. Ersatz von FAM wichtig. Auf IFA-Basis erstellt die ABDATA ihre Informationen zur Darreichungsform, die auch unterschiedliche Arten der Anwendung trotz identischer dinglicher Darreichungsform berücksichtigt. Diese Information könnte bei der Formulierung pharmazeutischer Bedenken hinsichtlich eines nicht sinnvollen Austauschs von FAM trotz identischer Darreichungsform wichtig sein.

11

Sonder-PZN: Diese Nummern beziehen sich nicht auf Produkte, sondern auf das Abweichen der im Rahmenvertrag vorgesehenen Vorgehensweise bei der Abgabe von AM. Sonder-PZN werden auf das Rezept gedruckt.

Vorrätig: Ein AM ist in der Apotheke vorhanden.

Abschnitt 2
Leistungen zu Lasten der GKV: die Rahmenbedingungen

Fragen der AM-Sicherheit sind im AMG und den dazugehörigen Verordnungen wie der AMVV oder im BtMG mit der BtMVV geregelt. Wenn es um Leistungen bzw. ums Geld geht, also um Ansprüche von Versicherten oder Anforderungen an die „Leistungserbringer", damit diese wiederum von der GKV Geld erhalten, dann schwebt über allem das SGB. Das Fünfte Buch des Sozialgesetzbuchs (SGB V) regelt sämtliche Angelegenheiten rund um die gesetzliche Krankenversicherung GKV. Die GKV stellt den Versicherten Leistungen zur Verfügung. Die Leistungen erfolgen als Sach- oder Dienstleistungen, die GKV arbeitet also nach dem Sachleistungsprinzip und nur ausnahmsweise mit nachträglicher Kostenerstattung. Allerdings ist immer das Wirtschaftlichkeitsgebot zu beachten.

1. Die Träger der gesetzlichen Krankenversicherung

Das deutsche Sozialrecht kennt eine auf gesetzlichen Regelungen beruhende Krankenversicherung mit **gesetzlichen Krankenkassen** als Trägern. Damit wird per Gesetz eine Pflichtversicherung der Arbeitnehmer begründet. Eine Reihe von Personen ist allerdings von der Pflicht zur gesetzlichen Krankenversicherung ausgenommen, z.b. freiwillig in der GKV oder in einer privaten Krankenkasse (PKV) Versicherte. Aus historischen Gründen gibt es eine Vielzahl von Trägern der GKV bzw. von Krankenkassen (KK) Diese werden in zwei Gruppen eingeteilt. Die Einteilung ist für den rechtlichen Rahmen und die Abrechnung der erbrachten Leistungen von großer Bedeutung.

Folgende zwei Versicherungsgruppen als **Träger der GKV** werden unterschieden:

1. Die **Regionalkassen**, welche der Versicherungsaufsicht der Bundesländer unterworfen sind. Dazu zählen die AOKs (Allgemeine Ortskrankenkassen), die BKKs (Betriebskrankenkassen), die IKKs (Innungskrankenkassen), die LKKs (Landwirtschaftliche Krankenkassen) oder die Knappschaft (KBS). Vor Einführung des Wahlrechts für die Versicherten gab es für diese Kassen die Bezeichnung „Primärkassen".

2. Im **vdek** (Verband der Ersatzkassen) sind die bundesweit agierenden und vom Bund beaufsichtigten **Ersatzkassen** zusammengeschlossen, wie z.B. die BAEK (Barmer Ersatzkasse), DAK (Deutsche Angestellten Krankenkasse) oder KKH (Kaufmännische Krankenkasse Halle).

Darüber hinaus gibt es außerhalb der GKV weitere Kostenträger von Versicherungsleistungen: die verschiedenen BGs

(Berufsgenossenschaften) als Träger der gesetzlichen Unfallversicherung, die Sozialämter, die Bundeswehr oder die Bundespolizei.

2. Leistungen und Ansprüche
2.1 Das Wirtschaftlichkeitsgebot

Über allem schwebt das Wirtschaftlichkeitsgebot: Die Leistungen müssen ausreichend, zweckmäßig und wirtschaftlich sein; sie dürfen das Maß des Notwendigen nicht überschreiten. Leistungen, die nicht notwendig oder unwirtschaftlich sind, dürfen die Leistungserbringer nicht bewirken und die Krankenkassen nicht bewilligen. Die Schlüsselrolle für die Entscheidung, was notwendig und wirtschaftlich ist, nimmt der Gemeinsame Bundesausschuss (G-BA) ein. Der G-BA ist beauftragt, entsprechende Richtlinien zu erstellen, in welcher der G-BA die von der GKV zu finanzierenden Leistungen konkretisiert und einschränkt. Die für uns wichtigste Richtlinie ist die AM-RL.

2.2 Leistungen der GKV

Das SGB definiert eine Fülle von Aufgaben der GKV. Beispiele sind
- Leistungen bei Krankheit,
- Leistungen zur Verhütung von Krankheiten,
- Leistungen zur Früherkennung von Krankheiten
(Gesundheitsuntersuchungen oder Kinderuntersuchungen),
- Leistungen bei Schwangerschaft und Mutterschaft (ärztliche Betreuung und Hebammenhilfe incl. der Versorgung mit Arznei-, Verband-, Heil- und Hilfsmitteln),
- Leistungen zur Empfängnisverhütung (Beratung; Versorgung nur bis zu einer Altersgrenze), Leistungen bei Sterilisation und bei Schwangerschaftsabbruch.

Weitere Regelungen betreffen z.B. den Zahnersatz oder Fahrtkosten. Die konkrete Umsetzung kann der G-BA regeln; auch die kassenärztliche Vereinigung (KV) kann Normen aufstellen.

2.3 Schwangerschaft

In § 24c SGB V wird auf die Versorgung mit Arznei-, Verband-, Heil- und Hilfsmitteln bei Schwangerschaft und Mutterschaft hingewiesen. Es besteht also ein gesetzlicher Anspruch auf eine entsprechende Versorgung in Zusammenhang mit einer Schwangerschaft. Wichtig ist, dass entsprechende Verordnungen von einer Kostenbeteiligung befreit sind.

> *Anna B. wird seit dem 20. Lebensjahr das Schilddrüsenhormone Levothyroxin verordnet. Mit 23 Jahren wird sie schwanger. Muss Anna während der Schwangerschaft die Zuzahlung zum Levothyroxin-Präparat AM leisten?*
> Zum Schilddrüsenhormon-Präparat muss Anna zuzahlen. Der Arzt darf auf dem Rezept nicht das Feld „befreit" ankreuzen.
> *Während der Schwangerschaft wird ein Schwangerschaftshochdruck diagnostiziert und medikamentös behandelt.*
> Auf dem Rezept mit dem Antihypertensivum kreuzt der Arzt „befreit" an. Aufgrund der Schwangerschaft ist das AM zuzahlungsfrei.

2.4 Empfängnisverhütung

In § 24 finden sich Regelungen zur Empfängnisverhütung. Frauen haben Anspruch auf die entsprechenden ärztlichen Leistungen bzw. Untersuchungen. Der Arzt darf empfängnisverhütende Mittel bis

zum vollendeten 22. Lebensjahr zu Lasten der GKV verordnen. Darunter fallen hormonelle Kontrazeptiva oder Intrauterinpessare. Auch die „Pille danach" fällt unter diese Regelung. Bis 18 Jahre kann die Frau die Pille auf GKV-Rezept zuzahlungsfrei erhalten. Zwischen 18 und 22 Jahren muss sie zwar die Zuzahlung leisten, den übersteigenden Betrag übernimmt die GKV. Ab 22 Jahren muss das AM privat bezahlt werden. Analog verhält es sich mit der „Pille danach".

Der Arzt darf ein solches AM jedoch auch älteren Frauen zu Lasten der GKV verordnen, falls folgende Voraussetzungen gegeben sind:
- Verordnung des Hormonpräparats aufgrund einer Begleitindikation; Beispiel Akne oder Hirsutismus (= abnormer Harr- bzw. Bartwuchs bei Frauen);
- Empfängnisverhütung, die aus medizinischen Gründen angezeigt ist, weil parallel ein fruchtschädigendes AM eingesetzt wird. Beispiel Behandlung mit Isotretinoin oder mit Metothrexat.

2.5 Künstliche Befruchtung

Im § 27 finden sich Regelungen zur künstlichen Befruchtung. Die GKV übernimmt „nach § 27a SGB V" 50 % der Kosten. Die andere Hälfte trägt die Patientin. In diesem Fall verordnet der Arzt auf dem rosaroten Muster-16-Rezept und druckt „gemäß § 24a" drauf.

> *Welchen Betrag druckt die Apotheke im Fall „§ 27a" in das Taxfeld?*
> Die Hälfte des Preises des AM. (Die andere Hälfte muss sie von der Kundin einfordern; diese 50 %-Reglung gilt auch für etwaige Hilfsmittel; eine Zuzahlung fällt übrigens nicht an.)

17

2.6 Schutzimpfungen

In § 20d ist die primäre Prävention durch Schutzimpfungen geregelt. Gemäß der G-BA-Richtlinie liegen der Erstattung die StIKo-Empfehlungen bzw. das Infektionsschutzgesetz zugrunde (Ständige Impfkommission).

Schutzimpfungen, die beruflich bedingt sind, zählen nicht zu den Leistungen der GKV, sondern zu den Aufgaben des Arbeitgebers. Auch Reiseimpfungen sind nicht Bestandteil des GKV-Leistungskatalogs.

> *Zum Zeitpunkt ihrer Einführung war die HPV-Impfung keine Kassenleistung. Wo lag das Problem?*
> Die HPV-Impfung war noch nicht in die StIKo-Empfehlungen aufgenommen, also konnte sie noch nicht in der G-BA-Richtlinie auftauchen.

2.7 Leistungen bei Krankheit

Aus unserer Sicht sind dies die Kernaufgaben der GKV. Dazu zählen
- die **ärztliche Behandlung** einschließlich Psychotherapie,
- die **Versorgung mit Arzneimitteln, Verbandmitteln, Heil- und Hilfsmitteln.**

> *Nehmen wir an, ein Arzneimittel sei zur HIV-Prävention von HIV negativen Personen zugelassen. Unter welche Leistungsart fällt das? Muss die GKV die Kosten übernehmen?*
> Hier handelt es sich nicht um die Behandlung einer Krankheit, sondern um eine Maßnahme der

Primärprävention, die nicht von vorneherein zu den Leistungen der GKV zählt.

Wie ist die Verordnung eines Fluorid-Präparates zur Kariesprophylaxe bei einem Kind zu beurteilen?
Ein Fluorid-Präparat ist verordnungsfähig. Die Basis ist § 22 Verhütung von Zahnerkrankungen und § 26 Gesundheitsuntersuchungen für Kinder SGB V. Die entsprechende Richtlinie spricht nur von Fluoridierung, ohne auf den Status des Produkts Bezug zu nehmen. Somit ist auch ein Nicht-AM bzw. LM/NEM verordnungsfähig.

2.7.1 Die Ansprüche der Versicherten

Im SGB findet sich Folgendes:

§ 31 Arznei- und Verbandmittel, Verordnungsermächtigung
(1) Versicherte haben Anspruch auf Versorgung mit apothekenpflichtigen Arzneimitteln, soweit die Arzneimittel nicht nach § 34 oder durch Richtlinien nach § 92 Abs. 1 Satz 2 Nr. 6 ausgeschlossen sind, und auf Versorgung mit Verbandmitteln, Harn- und Blutteststreifen. Der Gemeinsame Bundesausschuss hat in den Richtlinien nach § 92 Abs. 1 Satz 2 Nr. 6 festzulegen, in welchen medizinisch notwendigen Fällen Stoffe und Zubereitungen aus Stoffen, die als Medizinprodukte nach § 3 Nr. 1 oder Nr. 2 des Medizinproduktegesetzes zur Anwendung am oder im menschlichen Körper bestimmt sind, ausnahmsweise in die Arzneimittelversorgung einbezogen werden; ... . Für verschreibungspflichtige und nicht verschreibungspflichtige Medizinprodukte nach Satz 2 gilt § 34 Abs. 1 Satz 6 entsprechend. Der Vertragsarzt kann Arzneimittel, die auf Grund der Richtlinien nach § 92 Abs. 1 Satz 2 Nr. 6 von der Versorgung ausgeschlossen

sind, ausnahmsweise in medizinisch begründeten Einzelfällen mit Begründung verordnen. Für die Versorgung nach Satz 1 können die Versicherten unter den Apotheken, für die der Rahmenvertrag nach § 129 Abs. 2 Geltung hat, frei wählen.

Die Ansprüche der Versicherten erstrecken sich somit auf die Versorgung mit
- apothekenpflichtigen Arzneimitteln,
- Verbandmitteln,
- Harn- und Blutteststreifen.
Ferner
- auf Medizinprodukte, soweit diese ausnahmsweise in die Versorgung mit Arzneimitteln einbezogen sind.
Ausnahmen sind möglich! Manche Produkte können von der Versorgung ausgeschlossen sein!

Von der Versorgung grundsätzlich ausgeschlossen sind
- nicht apothekenpflichtige AM,
- Lebensmittel, Nahrungsergänzungsmittel, sog. Krankenkost und diätetische Lebensmittel. Hier gibt es Ausnahmen: Versicherte haben Anspruch auf bilanzierte Diäten zur enteralen Ernährung, wenn eine diätetische Intervention mit bilanzierten Diäten medizinisch notwendig, zweckmäßig und wirtschaftlich ist.

Weder nicht apothekenpflichtige AM noch sonstige apothekenübliche Waren gehören also zum Leistungsumfang der GKV. Ausnahmen betreffen nur Produkte, die entweder im SGB aufgeführt sind (Verbandstoffe, MedP, HilfsM) oder für die gesonderte Regelungen getroffen wurden, wie z.B. für Diätetika oder Fluorid-Präparate. Oder die KK erklärt konkret die Übernahme der Kosten.

Die Leistungen müssen laut Wirtschaftlichkeitsgebot <u>ausreichend,</u> <u>zweckmäßig, wirtschaftlich und notwendig</u> sein. Die Schlüsselrolle für die Entscheidung, was notwendig und wirtschaftlich ist, nimmt der Gemeinsame Bundesausschuss (G-BA) ein.

Mit der Verordnung von AM beschäftigt sich der größte Teil des vorliegenden Werks.

2.7.2 Die Verordnung von Verbandstoffen

Die Produktgruppe „Verbandstoffe" darf also zulasten der GKV verordnet werden. Verbandstoffe sind heutzutage üblicherweise als Medizinprodukte einzustufen. Der Begriff Verbandstoff ist viel älter als der des MedP. Das Medizinprodukterecht wurde erst Ende des 20. Jahrhunderts eingeführt, um die Berechtigung zum Marktzutritt zu regeln.

Im SGB ist der Begriff des Verbandmittels heute noch definiert.

SGB V § 31

(1a) Verbandmittel sind Gegenstände einschließlich Fixiermaterial, deren Hauptwirkung darin besteht, oberflächengeschädigte Körperteile zu bedecken, Körperflüssigkeiten von oberflächengeschädigten Körperteilen aufzusaugen oder beides zu erfüllen. Die Eigenschaft als Verbandmittel entfällt insbesondere nicht, wenn ein Gegenstand ergänzend eine Wunde feucht hält. Erfasst sind auch Gegenstände, die zur individuellen Erstellung von einmaligen Verbänden an Körperteilen, die nicht oberflächengeschädigt sind, gegebenenfalls mehrfach verwendet werden, um Körperteile zu stabilisieren, zu immobilisieren oder zu komprimieren. Das Nähere zur Abgrenzung von Verbandmitteln zu sonstigen Produkten zur Wundbehandlung regelt der Gemeinsame Bundesausschuss bis zum 30. April 2018

Mit der grundsätzlichen Verordnungsfähigkeit ist noch nichts über den Preis ausgesagt. Dieser muss in Lieferverträgen festgelegt werden.

2.7.3 Die Verordnung von Teststreifen

Im SGB V steht:

§ 31:
(1) Versicherte haben Anspruch auf Versorgung mit apothekenpflichtigen Arzneimitteln, soweit die Arzneimittel nicht nach ... ausgeschlossen sind, und auf Versorgung mit Verbandmitteln, Harn- und Blutteststreifen.

Teststreifen sind somit im Leistungskatalog der GKV. Teststreifen bilden eine eigene Produktgruppe. Sie sind – ebenso wie Verbandmittel – keine HilfsM und keine AM. (Zu den HilfsM zählen jedoch Blutlanzetten, Messgeräte oder Kanülen.) Für Teststreifen und ebenso für Verbandmittel gilt die PackungsV nicht, es gibt also keine N-Bezeichnung oder N_{max}.

2.7.4 Das Verbot von Mischrezepten

AM, Verbandmittel, Teststreifen, erstattungsfähige arzneimittelähnliche MedP und auch Hilfsmittel werden vom Arzt auf demselben Formblatt, dem rosaroten „Muster 16" verordnet. Allerdings werden die Ausgaben der KK werden in zwei getrennten Konten erfasst:
Für den Arzt gibt es ein Budget bzw. eine Richtgröße für die verschriebenen AM gemeinsam mit Verbandmitteln, Teststreifen und erstattungsfähigen MedP. In einem anderen Verrechnungstopf tauchen die Hilfsm auf. Deshalb dürfen HilfsM nicht gemeinsam mit einem anderen erstattungsfähigen Produkt auf einem Verordnungsblatt verschrieben bzw. abgerechnet werden.

3. Die rechtliche Umsetzung der Vorgaben des SGB

3.1 Der Rahmenvertrag

Nach SGB ist als maßgebliche Grundlage für die Rezeptabrechnung zwischen Vertretern der Apothekerschaft und der gesetzlichen Krankenkassen ein **Rahmenvertrag über die Arzneimittelversorgung** abzuschließen. Es gibt insgesamt einen Rahmenvertrag. Dieser gilt **bundesweit.**
Der Rahmenvertrag ist das wichtigste Vertragswerk für die tägliche Arbeit in den Apotheken. Er legt die Basis fest, auf der Krankenkassen ihre Zahlungen an Apotheken nachträglich kürzen oder ganz streichen können, wenn Apotheken zwar geliefert haben, jedoch Vorschriften in Zusammenhang mit der Belieferung nicht korrekt beachtet haben - man spricht von „Retaxierungen" von Seiten der Krankenkassen. Anders ausgedrückt: wann der Vergütungsanspruch von Apotheken nicht oder nicht in vollem Umfang besteht.

Im Rahmenvertrag finden sich z.B. die Regelungen zur Umsetzung der Rabattverträge, zur Abgabe von Import-AM, von preisgünstigen AM oder der Auswahl der Packungsgröße.

3.2. Die Lieferverträge

Die **Arzneilieferverträge** konkretisieren den Versorgungsauftrag. Unterhalb des Rahmenvertrags. Manche Vorgehensweise wird im Rahmenvertrag nicht geregelt, so dass Lieferverträge ins Spiel kommen. Im Gegensatz zum Rahmenvertrag gibt es mehrere Lieferverträge. Der Liefervertrag zwischen dem Deutschen Apothekerverband (DAV) und dem vdek (Verband der Ersatzkassen) gilt bundesweit.

Landesweit gelten die Lieferverträge mit den Regionalkassen. Zu den Regionalkassen zählen die Ortskrankenkassen (AOK), die Betriebskrankenkassen (BKK), die Landwirtschaftlichen Krankenkassen (LKK), die Innungskrankenkassen (IKK) und die Knappschaft. Vertragspartner dieser Kostenträger sind die jeweiligen Landesapothekerverbände (LAV).

Darüber hinaus gibt es weitere bundesweite Lieferverträge mit den BGs, der Postbeamten-Krankenkasse („A"), der Bundespolizei oder der Bundeswehr.

Bei den Lieferverträgen geht es um die Lieferungsberechtigung zu Lasten einer Krankenkasse, um Vorgaben für ordnungsgemäß ausgestellte kassenärztliche Verordnungen, um die Preisberechnung und um abrechnungstechnische Fragen wie z. B. die Art der Rechnungslegung oder die Rechnungsbegleichung. Außerdem sind besondere Fristen festgelegt, z.B. innerhalb welcher Frist eine ärztliche Verschreibung vorgelegt oder beliefert werden muss.

3.3 Abrechnung außerhalb der GKV
3.3.1 Abrechnung mit Sozialämtern

Eine besondere Bedeutung hat in den letzten Jahren die Versorgung von Personen gewonnen, die von den Sozialämtern betreut werden. Eine genaue Angabe des zuständigen Amts ist für die Abrechnung unbedingt nötig. Asylbewerber werden nach dem Asylbewerberleistungsgesetz medizinisch versorgt. Zuzahlungen fallen dann nicht an. Es gibt je nach Bundesland unterschiedliche Regelungen.

Der Status als Asylsuchender kann sich ändern; damit ändern sich die gesetzliche Grundlage und die Zuständigkeit von Ämtern, der Kostenträger und die Pflicht zur Zuzahlung.

3.3.2 Das Sozialversicherungsabkommen

Mit einer Reihe von Staaten ist ein sogenanntes Sozialversicherungsabkommen abgeschlossen. Dann können GKV-Rezepte im Rahmen des Sozialversicherungsabkommens ausgestellt werden – erkennbar am Zusatz „SVA". In diesem Fall gibt der Arzt die zuständige Krankenkasse plus „SVA" als Kostenträger an. Eine Versichertennummer gibt es hier natürlich nicht. Die Versorgung erfolgt wie bei einem deutschen Versicherten der GKV mit allen Regeln zur AM-Abgabe oder Zuzahlung.

3.3.3 Abrechnung mit der BG
Siehe Abschnitt Sonderrezepte.

3.4 Die AM-RL

Nach SGB V ist der **Gemeinsame Bundesausschuss** (G-BA) beauftragt, die vertragsärztliche Versorgung mit Arzneimitteln bundesweit mithilfe einer Arzneimittel-Richtlinie zu regeln (AM-RL mit Anhängen). Die **AM-RL** richtet sich in erster Linie an die Verordner. Sie konkretisiert die Verordnungsfähigkeit von Präparaten und Verordnungsausschlüsse. Dadurch hat sie auch Auswirkungen auf die Abgabe von Produkten in den Apotheken. (Siehe Abschnitte 1, 3 und 4)

Abschnitt 3
Ausschlüsse von der Versorgung

Grundsätzlich sind apothekenpflichtige AM zu Lasten der GKV verordnungsfähig. Aber es gibt eine Reihe von Ausnahmen. Eine Systematik der Ausschlüsse gibt es nicht. Im Lauf der Jahre sind recht unübersichtliche Regelungen zustande gekommen.

1. Ausschlüsse gemäß SGB

§ 34 SGB V: Ausgeschlossene Arznei-, Heil- und Hilfsmittel

Nicht verschreibungspflichtige Arzneimittel sind von der Versorgung ... ausgeschlossen. Der Gemeinsame Bundesausschuss legt in den Richtlinien ... fest, welche nicht verschreibungspflichtigen Arzneimittel, die bei der Behandlung schwerwiegender Erkrankungen als Therapiestandard gelten, zur Anwendung bei diesen Erkrankungen mit Begründung vom Vertragsarzt ausnahmsweise verordnet werden können. . . . . . .
Satz 1 gilt nicht für:

1.versicherte Kinder bis zum vollendeten 12. Lebensjahr,
2.versicherte Jugendliche bis zum vollendeten 18. Lebensjahr mit Entwicklungsstörungen.

Für Versicherte, die das achtzehnte Lebensjahr vollendet haben, sind von der Versorgung ... folgende verschreibungspflichtige Arzneimittel bei Verordnung in den genannten Anwendungsgebieten ausgeschlossen:

1.**Arzneimittel zur Anwendung bei Erkältungskrankheiten** und grippalen Infekten einschließlich der bei diesen Krankheiten anzuwendenden Schnupfenmittel, Schmerzmittel, hustendämpfenden und hustenlösenden Mittel,

2.**Mund- und Rachentherapeutika**, ausgenommen bei Pilzinfektionen,

3.**Abführmittel**,

4.Arzneimittel **gegen Reisekrankheit**.

Von der Versorgung sind außerdem Arzneimittel ausgeschlossen, bei deren Anwendung eine **Erhöhung der Lebensqualität** im Vordergrund steht. Ausgeschlossen sind insbesondere Arzneimittel, die überwiegend zur Behandlung der **erektilen Dysfunktion**, der Anreizung sowie Steigerung der sexuellen Potenz, zur **Raucherentwöhnung**, zur Abmagerung oder zur Zügelung des Appetits, zur **Regulierung des Körpergewichts** oder zur Verbesserung des **Haarwuchses** dienen. ...

Anmerkung: Für LM oder NEM und nicht apothekenpflichtige AM besteht laut SGB sowieso kein Anspruch auf Versorgung.

1.1 Nicht verschreibungspflichtige Arzneimittel

Gemäß § 34 SGB V haben GKV-Versicherte keinen Anspruch auf eine Versorgung mit nicht verschreibungspflichtigen AM.

Es gibt **zwei Ausnahmen**.

1. In folgenden Fällen sind apothekenpflichtige nicht-rp AM verordnungsfähig:
- Kinder bis zum vollendeten 12. Lebensjahr,
- Jugendliche mit Entwicklungsstörungen bis zum vollendeten 18. Lebensjahr.
Eine Entwicklungsstörung muss nicht auf dem Rezept vermerkt werden; sie wäre also in der Apotheke nicht zu erkennen. In der Apotheke gilt demnach, dass Personen unter 18 Jahren unter die „Kinderausnahme" fallen.

2. Die Verordnung von nicht verschreibungspflichtigen aber apothekenpflichtigen AM ist ausnahmsweise zulässig, wenn die Arzneimittel bei der Behandlung schwerwiegender Erkrankungen **als Therapiestandard gelten**. Entsprechende Erkrankungen und Standardtherapeutika sind in **Anlage I der AM-RL** aufgeführt.
Außerdem gilt: Nicht verschreibungspflichtige Arzneimittel sind als Begleitmedikation verordnungsfähig, wenn in der Fachinformation des Hauptarzneimittels das nicht verschreibungspflichtige Arzneimittel als Begleitmedikation zwingend vorgeschrieben ist, oder wenn das nicht verschreibungspflichtige Arzneimittel schwerwiegende unerwünschte Arzneimittelwirkungen eines Hauptarzneimittels abmildert.

Selbstverständlich fallen auch nicht verschreibungspflichtige **Rezepturen** unter das Verordnungsverbot. Aber es gibt einige Ausnahmen, die in der Anlage I bzw. OTC-Liste zu finden sind. Die wichtigsten Beispiele sind salicylsäurehaltige Zubereitungen mit mindestens 2 % Salicylsäure (als Teil der Behandlung der Psoriasis und hyperkeratotischer Ekzeme) und Dermatika mit einem Harnstoffgehalt von mindestens 5 % (bei gesicherter Diagnose bei Ichthyosen).

Ferner hat die einzelne KK die Möglichkeit, als Satzungsleistung die Kosten von nicht-rp AM quasi als „Marketingmaßnahme" zu erstatten. Der Versicherte legt eine Verschreibung auf einem grünen Rezept vor und reicht dieses mit der Quittung der Apotheke bei seiner KK ein. Je nach KK fallen homöopathische oder pflanzliche AM darunter. Andere KK ziehen die Altersgrenze bei 18 Jahren ohne die Einschränkung der Entwicklungsstörung.

Der § 34 SGB V gilt für die GKV, also zunächst für die Regional- und Ersatzkassen. Die OTC-Regelung wird üblicherweise auch auf Lieferungen zu Lasten des Sozialamts angewendet.

Von diesem Verordnungsverbot von nicht-rp AM nicht betroffen sind:
- Verordnungen für den Sprechstundenbedarf,
- BGs,
- Bundeswehr, Bundespolizei, Postbeamtenkrankenkasse,
- BVG-Berechtigte.

Die Verordnungsfähigkeit von OTC-AM wird im nächsten Abschnitt eingehender besprochen.

1.2 Ausschluss von Bagatellarzneimitteln

Folgende verschreibungspflichtige Arzneimittel, die **bei geringfügigen Gesundheitsstörungen** angewendet werden, sind nach § 34 Abs. 1 Satz 6 SGB V bei Versicherten, die **das 18. Lebensjahr vollendet** haben, von der Versorgung ausgeschlossen:

1. Arzneimittel zur Anwendung bei **Erkältungskrankheiten** und grippalen Infekten einschließlich der bei diesen Krankheiten anzuwendenden Schnupfenmittel, Schmerzmittel, hustendämpfenden und hustenlösenden Mittel, sofern es sich um geringfügige Gesundheitsstörungen handelt.

2. **Mund- und Rachentherapeutika**, ausgenommen bei Pilzinfektionen, geschwürigen Erkrankungen der Mundhöhle und nach chirurgischen Eingriffen im Hals-, Nasen-, Ohrenbereich.

3. **Abführmittel** außer zur Behandlung von Erkrankungen im Zusammenhang mit Tumorleiden, Megacolon, Divertikulose, Divertikulitis, Mukoviszidose, neurogener Darmlähmung, vor diagnostischen Eingriffen, bei phosphatbindender Medikation bei chronischer Niereninsuffizienz, bei der Opiat- sowie Opioidtherapie und in der Terminalphase.

4. Arzneimittel gegen **Reisekrankheit** (unberührt bleibt die Anwendung gegen Erbrechen bei Tumortherapie und anderen Erkrankungen z. B. Menièrescher Symptomkomplex).

Ein großer Teil der hier genannten AM ist nicht verschreibungspflichtig und wäre somit bereits aufgrund des OTC-Ausschlusses nicht zu Lasten der GVK verordnungsfähig.

1.3 Ausschluss von Lifestyle-Arzneimitteln

Gemäß SGB sind Arzneimittel, bei deren Anwendung eine Erhöhung der Lebensqualität im Vordergrund steht, von der Versorgung ausgeschlossen.

Ausgeschlossen sind insbesondere Arzneimittel, die
- überwiegend zur Behandlung einer sexuellen Dysfunktion (z. B. der erektilen Dysfunktion), der Anreizung sowie Steigerung der sexuellen Potenz,
- zur Raucherentwöhnung,
- zur Abmagerung oder zur Zügelung des Appetits, zur Regulierung des Körpergewichts oder

- zur Verbesserung des Haarwuchses dienen.

Die ausgeschlossenen Fertigarzneimittel sind in einer Übersicht als **Anlage II der AM-RL** zusammengestellt.

> Tadalafil war ursprünglich nur für die erektile Dysfunktion zugelassen und deshalb in Anlage II als nicht verordnungsfähig gelistet; später erfolgte die Zulassung zur „Behandlung des benignen Prostatasyndroms"; damit war das Präparat noch nicht verordnungsfähig, es musste zuerst die Ausnahme in die Anlage II unter der Position Tadalafil aufgenommen werden

2. Die Anlage III der AM-RL

Gemäß SGB V dürfen unwirtschaftliche AM weder vom Arzt verordnet noch von der Apotheke zu Lasten der GKV abgegeben werden. Die AM-RL wiederholt diese Vorgabe und konkretisiert sie in Anlage III der AM-RL in einer umfangreichen Tabelle.

Beispiele aus Anlage III der AM-RL des G-BA:

10. Antidementiva, sofern der Versuch einer Therapie mit Monopräparaten über 12 Wochen Dauer (bei Cholinesterasehemmern und Memantine über 24 Wochen Dauer) erfolglos geblieben ist. Nach erfolgreichem Therapieversuch ist eine Weiterverordnung zulässig. Art, Dauer und Ergebnis des Einsatzes von Antidementiva sind zu dokumentieren.	Verordnungsausschluss aufgrund von Rechtsverordnung für Cinnarizin und Procain zur Anwendung bei Hirnleistungsstörungen. [2] Verordnungseinschränkung verschreibungspflichtiger Arzneimittel nach dieser Richtlinie. [4]

16. Antihypotonika, orale	Verordnungsausschluss verschreibungspflichtiger Arzneimittel nach dieser Richtlinie. [3] Bei nicht verschreibungspflichtigen Arzneimitteln ist eine Verordnung auch für Kinder bis zum vollendeten 12. Lebensjahr und für Jugendliche mit Entwicklungsstörungen bis zum vollendeten 18. Lebensjahr unwirtschaftlich. [6]
20. Carminativa, - ausgenommen bei Säuglingen und Kleinkindern	Verordnungseinschränkung verschreibungspflichtiger Arzneimittel nach dieser Richtlinie. [4] Bei nicht verschreibungspflichtigen Arzneimitteln ist, von der genannten Ausnahme abgesehen, eine Verordnung auch für Kinder bis zum vollendeten 12. Lebensjahr und für Jugendliche mit Entwicklungsstörungen bis zum vollendeten 18. Lebensjahr unwirtschaftlich. [6]
26. Externa bei traumatisch bedingten Schwellungen, Ödemen und stumpfen Traumata	Verordnungsausschluss aufgrund von Rechtsverordnung für Nifenazon. [2] Verordnungsausschluss verschreibungspflichtiger Arzneimittel nach dieser Richtlinie. [3]
35. Lipidsenker, - ausgenommen bei bestehender vaskulärer Erkrankung (KHK, cerebrovaskuläre Manifestation, pAVK) - ausgenommen bei hohem kardiovaskulärem Risiko (über 20% Ereignisrate/ 10 Jahre auf der Basis der zur Verfügung stehenden Risikokalkulatoren).	Verordnungsausschluss aufgrund von Rechtsverordnung für Aluminiumclofibrat, Orotsäure bei Hyperlipidämie. [2] Verordnungseinschränkung verschreibungspflichtiger Arzneimittel nach dieser Richtlinie. [4]
38. Otologika - ausgenommen Antibiotka und Corticosteroide ... zur lokalen Anwendung ... - ausgenommen Ciprofloxacin zur lokalen Anwendung ... bei chronisch-	... Bei nicht verschreibungspflichtigen AM ist, von den Ausnahmen abgesehen, eine Verordnung auch für Kinder bis 12 (bzw. 18) Jahre unwirtschaftlich

eitriger Entzündung des Mittelohrs mit Trommelfelldefekt	
39. Prostatamittel, sofern ein Therapieversuch über 24 Wochen Dauer erfolglos geblieben ist. Nach erfolgreichem Therapieversuch ist eine längerfristige Verordnung zulässig. Art, Dauer und Ergebnis des Einsatzes von Prostatamitteln sind zu dokumentieren.	Verordnungseinschränkung verschreibungspflichtiger Arzneimittel nach dieser Richtlinie. [4]
40. Rheumamittel zur externen Anwendung	
45. Tranquillantien, - ausgenommen zur Kurzzeittherapie bis zu 4 Wochen - ausgenommen für eine länger als 4 Wochen dauernde Behandlung in medizinisch begründeten Einzelfällen. Eine längerfristige Anwendung von Tranquillantien ist besonders zu begründen.	Verordnungsausschluss aufgrund von Rechtsverordnung für Methaqualon. [2] Verordnungseinschränkung verschreibungspflichtiger Arzneimittel nach dieser Richtlinie. [4]

Rechtsgrundlagen:
[1] Verordnungsausschluss nach § 34 Abs. 1 Satz 6 SGB V, § 13 AM-RL (verschreibungspflichtige Arzneimittel zur Behandlung sog. Bagatellerkrankungen) [2] Verordnungsausschluss aufgrund der Rechtsverordnung nach § 34 Abs. 3 SGB V (sog. Negativliste) [3] Verordnungsausschluss nach dieser Richtlinie (§ 92 Abs. 1 Satz 1 Halbsatz 3 SGB V in Verbindung mit § 16 Abs. 1 und 2 AM-RL).[4] Verordnungseinschränkung nach dieser Richtlinie (§ 92 Abs. 1 Satz 1 Halbsatz 3 SGB V in Verbindung mit § 16 Abs. 1 und 2 AM-RL). [5] Hinweis zur Verordnungsfähigkeit nicht verschreibungspflichtiger Arzneimittel für Kinder bis zum vollendeten 12. Lebensjahr und für Jugendliche mit Entwicklungsstörungen bis zum vollendeten 18. Lebensjahr (§ 92 Abs. 1 Satz 1 Halbsatz 3 SGB V, § 16 Abs. 1 Satz 2 AM-RL) bei besonderem Gefährdungspotential. [6] Hinweis auf eine unwirtschaftliche Verordnung nicht verschreibungspflichtiger Arzneimittel bei Kindern bis zum vollendeten 12. Lebensjahr und für Jugendliche mit Entwicklungsstörungen bis zum vollendeten 18. Lebensjahr (§ 92 Abs. 1 Satz 1 Halbsatz 3 SGB V, § 16 Abs. 1 Satz 2 AM-RL)

Die AM-RL wendet sich primär an die verschreibenden Ärzte. Die Apotheken haben keine Prüfpflicht und sie könnten eine solche auch nicht ausüben. Sollte eine Diagnose jedoch angegeben sein, so könnte oder sollte die Apotheke tätig werden und die Ausnahme prüfen. Falls die Verordnung dann als unwirtschaftlich anzusehen ist, muss sie den Arzt auf diesen Umstand hinweisen.

3. Zulassungsüberschreitende Anwendung

Eine Anwendung von FAM, die über die zugelassenen Anwendungsgebiete hinaus geht („Off-label-use"), muss vom Arzt wohl überlegt sein. Zum einen muss in diesem Fall der Arzt die Nutzen-Risiko-Abwägung durchführen und den Patienten darüber aufklären. Zum anderen muss eine solche Anwendung nicht unbedingt durch die GKV erstattet werden.

Eine gewisse Klarheit schafft die Anlage VI der AM-RL des G-BA. Im Teil A sind ASte mit nicht zugelassenen Indikationen aufgeführt, die auch im Off-label-Use erstattungsfähig sind. Beispiele aus **Anlage VI Teil A** sind:
- Valproinsäure zur Migräneprophylaxe bei Erwachsenen
- Gabapentin zur Behandlung der Spastik bei Multipler Sklerose
- Carboplatin in der Kombinationstherapie bei nicht kleinzelligem Bronchialkarzinom

Im **Teil B der Anlage VI** sind ASte mit Indikationen angeführt, die im Off-label-Use nicht verordnungsfähig sind. Beispiele sind:
- Valproinsäure zur Migräneprophylaxe bei Kindern und Jugendlichen
- Amantadin bei Multipler Sklerose zur Fatigue-Behandlung
- Venlafaxin bei neuropathischen Schmerzen
Möglicherweise stellt der Arzt für diese AM auch ein Privatrezept aus. Auf dieser Basis kann der Versicherte bei seiner KK um eine

Erstattung bitten. Gemäß Urteil des Bundessozialgerichts muss die GKV die Behandlungskosten auch bei Off-label-use übernehmen, wenn
- eine schwerwiegende, lebensbedrohliche Erkrankung vorliegt,
- eine zugelassene bzw. dem allgemein anerkannten medizinischen Stand nicht existiert,
- und eine nicht ganz fern liegende Aussicht auf Erfolg besteht.

4. Zusammenfassung der Ausschlüsse

	Konkretisierung
nicht apothekenpflichtige AM/LM	Nur bei Vorliegen einer gesonderten Übereinkunft verordnungsfähig, wie z.B. Fluorid-Präparate zur Kariesprophylaxe
nicht verschreibungspflichtige AM	Ausnahmen: - Kinder/Jugendliche - verordnungsfähige AM gemäß OTC-Liste = Anlage I der AM-RL
Lifestyle-AM	Nicht verordnungsfähig sieheAnlage II der AM-RL
Bagatell-AM und AM der Negativliste	Nicht verordnungsfähig siehe Anlage III der AM-RL
off-label-use	Nicht verordnungsfähige AM siehe Anlage VI Teil B

Abschnitt 4
Verordnung von nicht rezeptpflichtigen Arzneimitteln

1. Der eingeschränkte Verordnungsausschluss
2. Verordnungsfähige nicht-rp Präparate
3. Die OTC-Liste

1. Der eingeschränkte Verordnungsausschluss

Laut SGB haben Erwachsene ab 18 Jahren keinen Anspruch auf eine Verordnung von nicht rezeptpflichtigen AM. Eigentlich gilt diese Regelung bereits für Kinder über 12 Jahren, allerdings mit einer Einschränkung: Für Kinder bzw. Jugendliche mit Entwicklungsstörungen liegt die Altersgrenze bei 18. Das Alter des Patienten lässt sich auf einem Rezept erkennen, nicht jedoch das Vorliegen einer Entwicklungsstörung.

Auch für Erwachsene gibt es Ausnahmen vom Verordnungsausschluss: Ein nicht verschreibungspflichtiges, apothekenpflichtiges AM kann Bestandteil der GKV-Versorgung sein, wenn es als Therapiestandard bei einer schwerwiegenden Erkrankung gilt. Die Verordnungsfähigkeit durch einen Arzt ist demnach an Indikationen geknüpft. Diese Situation muss der Arzt zwar in seinen Patientenunterlagen dokumentieren, auf das Rezept gehören solche Angaben jedoch nicht. Die Apotheke kann und muss das Vorliegen einer entsprechenden Diagnose bzw. Indikation nicht prüfen. Sollte der Arzt jedoch eine Diagnose auf dem Rezept vermerken, so könnte man der Apotheke eine Prüfpflicht zuweisen. Im Fall einer unpassenden Diagnose wäre zunächst Rücksprache mit dem Arzt zu halten – auch um den Arzt gegebenenfalls vor einer Rückforderung der KK bzw. KV zu schützen.

Diagnosen sollen auch aus Gründen des Datenschutzes vom Verordner nicht auf der Verordnung vermerkt werden. Dies betrifft übrigens auch Verordnungen über MedP, Verbandmittel und Teststreifen. Diagnosen müssen jedoch auf Hilfsmittelrezepten erscheinen. Und im Fall der künstlichen Befruchtung muss ein „§ 27a" aufs Rezept.

2. Verordnungsfähige nicht rp-Präparate

Wann ist die vom SGB gemachte Vorgabe „**Therapiestandard bei einer schwerwiegenden Erkrankungen**" erfüllt? Hier bedarf es einer Konkretisierung, die der G-BA in der Arzneimittelrichtlinie festlegt. In der **Anlage I der AM-RL** („OTC-Liste") werden die nicht verschreibungspflichtigen AM aufgeführt, die auch für Erwachsene vom Arzt zu Lasten der GKV verordnet werden dürfen, da sie als Therapiestandard gelten.

Folgendes ist zu beachten:
- Auch für OTC-AM gelten die allgemeinen Vorschriften zur Wirtschaftlichkeit und aut idem. Rabatt-AM müssen bevorzugt abgegeben werden. Alternativ muss geprüft werden, ob die Regel zur Auswahl eines preiswerten AM angewendet werden kann.
- Die Zuzahlungs- und Mehrzahlungsregeln entsprechen denen bei rp AM.
- Die Regeln zur abzugebenden Packungsgröße unterscheiden sich nicht zwischen rp und nicht-rp AM. Es gibt nur im akuten, dringenden Fall einen Unterschied: Es kann bei nicht-rp AM die der verordneten Menge am nächsten kommende Packungsgröße abgegeben werden, sofern die verordnete Packungsgröße nicht vorrätig ist. Es darf also eventuell auch ein bisschen mehr sein, da die AMVV hier nicht greift.
- Die maximal abgabefähige Packungsgröße (Stichworte „Jumbopackung" bzw. N_{max}) ist bei nicht-rp AM ebenso zu beachten wie bei rp AM.

- Da nicht-rp AM gegenüber dem Selbstzahler frei kalkulierbar sind, müssen im Fall der Abgabe zu Lasten der GKV die Preise vertraglich festgelegt sein: Die Preise für verordnungsfähige OTC-AM werden gemäß AMPreisV berechnet.

3. Die OTC-Liste

Die Anlage 1 der AM-RL wird oft als „OTC-Liste" bezeichnet; sie lautet derzeit folgendermaßen:

1. Abführmittel nur zur Behandlung von Erkrankungen im Zusammenhang mit Tumorlei-den, Megacolon, Divertikulose, Divertikulitis, Mukoviszidose, neurogener Darmlähmung, vor diagnostischen Eingriffen, bei phosphatbindender Medikation bei chronischer Niereninsuffizienz, Opiat- sowie Opioidtherapie und in der Terminalphase.

2. Acetylsalicylsäure (bis 300 mg/Dosiseinheit) als Thrombozyten-Aggregationshemmer bei koronarer Herzkrankheit (gesichert durch Symptomatik und ergänzende nicht-invasive oder invasive Diagnostik) und in der Nachsorge von Herzinfarkt und Schlaganfall sowie nach arteriellen Eingriffen.

3. Acetylsalicylsäure und Paracetamol nur zur Behandlung schwerer und schwerster Schmerzen in Co-Medikation mit Opioiden.

4. Acidosetherapeutika nur zur Behandlung von dialysepflichtiger Nephropathie und chronischer Niereninsuffizienz sowie bei Neoblase, Ileumconduit, Nabelpouch und Implantation der Harnleiter in den Dünndarm.

5. Topische Anästhetika und/oder Antiseptika, nur zur Selbstbehandlung schwerwiegen-der generalisierter blasenbildender Hauterkrankungen.

6. Antihistaminika
- nur in Notfallsets zur Behandlung bei Bienen-, Wespen-, Hornissengift-Allergien,
- nur zur Behandlung schwerer, rezidivierender Urticarien,
- nur bei schwerwiegendem, anhaltendem Pruritus,
- nur zur Behandlung bei schwerwiegender allergischer Rhinitis, bei der eine topische nasale Behandlung mit Glukokortikoiden nicht ausreichend ist.

7. Antimykotika nur zur Behandlung von Pilzinfektionen im Mund- und Rachenraum.

8. Antiseptika und Gleitmittel nur für Patienten mit Katheterisierung.

9. Arzneistofffreie Injektions/Infusions-, Träger- und Elektrolytlösungen sowie parenterale Osmodiuretika bei Hirnödem (Mannitol, Sorbitol).

10. unbesetzt

11. Calciumverbindungen (mind. 300 mg Calcium-Ion/Dosiereinheit) und Vitamin D (freie oder fixe Kombination) sowie Vitamin D als Monopräparat bei ausreichender Calcium-zufuhr über die Nahrung
- nur zur Behandlung der manifesten Osteoporose,
- nur zeitgleich zur Steroidtherapie bei Erkrankungen, die voraussichtlich einer mindestens sechsmonatigen Steroidtherapie in einer Dosis von wenigstens 7,5 mg Prednisolonäquivalent bedürfen,
- bei Bisphosphonat-Behandlung gemäß Angabe in der jeweiligen Fachinformation bei zwingender Notwendigkeit.

12. Calciumverbindungen als Monopräparate nur
- bei Pseudohypo- und Hypoparathyreodismus,
- bei Bisphosphonat-Behandlung gemäß Angabe in der jeweiligen Fachinformation bei zwingender Notwendigkeit.

13. Levocarnitin nur zur Behandlung bei endogenem Carnitinmangel.

14. Citrate nur zur Behandlung von Harnkonkrementen.

15. Dinatriumcromoglycat (DNCG)-haltige Arzneimittel (oral) nur zur symptomatischen Be-handlung der systemischen Mastozytose

16. E. coli Stamm Nissle 1917 nur zur Behandlung der Colitis ulcerosa in der Remissions-phase bei Unverträglichkeit von Mesalazin.

17. Eisen-(II)-Verbindungen nur zur Behandlung von gesicherter Eisenmangelanämie.

18. Flohsamen und Flohsamenschalen nur zur unterstützenden Quellmittel-Behandlung bei Morbus Crohn, Kurzdarmsyndrom und HIV assoziierter Diarrhoen.

19. Folsäure und Folinate nur bei Therapie mit Folsäureantagonisten sowie zur Behandlung des kolorektalen Karzinoms.

20. Ginkgo-biloba-Blätter-Extrakt (Aceton-Wasser-Auszug, standardisiert 240 mg Tages-dosis) nur zur Behandlung der Demenz.

21. Harnstoffhaltige Dermatika mit einem Harnstoffgehalt von mindestens 5 % nur bei gesicherter Diagnose bei Ichthyosen, wenn keine therapeutischen Alternativen für den jeweiligen Patienten indiziert sind.

22. unbesetzt

23. Iodid nur zur Behandlung von Schilddrüsenerkrankungen.

24. Iod-Verbindungen nur zur Behandlung von Ulcera und Dekubitalgeschwüren.

25. Kaliumverbindungen als Monopräparate nur zur Behandlung der Hypokaliaemie.

26. Lactulose und Lactitol nur zur Senkung der enteralen Ammoniakresorption bei Leber-versagen im Zusammenhang mit der hepatischen Enzephalopathie.

27. Lösungen und Emulsionen zur parenteralen Ernährung einschließlich der notwendigen Vitamine und Spurenelemente.

28. Magnesiumverbindungen, oral, nur bei angeborenen Magnesiumverlusterkrankungen.

29. Magnesiumverbindungen, parenteral, nur zur Behandlung bei nachgewiesenem Magnesiummangel und zur Behandlung bei erhöhtem Eklampsierisiko.

30. unbesetzt.
31. Metixenhydrochlorid nur zur Behandlung des Parkinson-Syndroms.

32. Mistel-Präparate, parenteral, auf Mistellektin normiert, nur in der palliativen Therapie von malignen Tumoren zur Verbesserung der Lebensqualität.

33. Niclosamid nur zur Behandlung von Bandwurmbefall.

34. Nystatin nur zur Behandlung von Mykosen bei immunsupprimierten Patienten.

35. Ornithinaspartat nur zur Behandlung des hepatischen (Prä-)Coma und der episodischen, hepatischen Enzephalopathie.

36. Pankreasenzyme nur zur Behandlung chronischer, exokriner Pankreasinsuffizienz oder Mukoviszidose sowie zur Behandlung der funktionellen Pankreasinsuffizienz nach Gastrektomie bei Vorliegen einer Steatorrhoe.

37. Phosphatbinder nur zur Behandlung der Hyperphosphatämie bei chronischer Niereninsuffizienz und Dialyse.

38. Phosphatverbindungen bei Hypophosphatämie, die durch eine entsprechende Ernährung nicht behoben werden kann.

39. Salicylsäurehaltige Zubereitungen (mind. 2 % Salicylsäure) in der Dermatotherapie als Teil der Behandlung der Psoriasis und hyperkeratotischer Ekzeme.

40. Synthetischer Speichel nur zur Behandlung krankheitsbedingter Mundtrockenheit bei onkologischen oder Autoimmun-Erkrankungen.

41. Synthetische Tränenflüssigkeit bei Autoimmun-Erkrankungen (Sjögren-Syndrom mit deutlichen Funktionsstörungen [trockenes Auge Grad 2], Epidermolysis bullosa, okuläres Pemphigoid), Fehlen oder Schädigung der Tränendrüse, Fazialisparese oder bei Lagophthalmus.

42. Vitamin K als Monopräparate nur bei nachgewiesenem, schwerwiegendem Vitamin-mangel, der durch eine entsprechende Ernährung nicht behoben werden kann.

43. Wasserlösliche Vitamine auch in Kombinationen nur bei der Dialyse.

44. Wasserlösliche Vitamine, Benfotiamin und Folsäure als Monopräparate nur bei nach-gewiesenem, schwerwiegendem Vitaminmangel, der durch eine entsprechende Ernährung nicht behoben werden kann (Folsäure: 5 mg/Dosiseinheit).

45. Zinkverbindungen als Monopräparate nur zur Behandlung der enteropathischen Akrodermatitis und durch Hämodialysebehandlung bedingten nachgewiesenem Zinkmangel sowie zur Hemmung der Kupferaufnahme bei Morbus Wilson.

46. Arzneimittel zur sofortigen Anwendung
- Antidote bei akuten Vergiftungen,

- Lokalanästhetika zur Injektion,

- apothekenpflichtige, nicht verschreibungspflichtige Arzneimittel, die im Rahmen der ärztlichen Behandlung zur sofortigen Anwendung in der Praxis verfügbar sein müssen, können verordnet werden, wenn entsprechende Vereinbarungen zwischen den Ver-bänden der Krankenkassen und den Kassenärztlichen Vereinigungen getroffen werden.

Abschnitt 5
Formale Anforderungen an eine ärztliche Verschreibung

1. Formale Rezeptprüfung nach AMVV

Zunächst ist bei jeder Abgabe eines rp AM die Arzneimittelverschreibungsverordnung AMVV zu beachten. In der AMVV (wie auch in der ApBetrO) geht es in erster Linie um die AM-Sicherheit. Der Gesetzgeber will die Bürger vor den Gefahren einer unkontrollierten Anwendung von AM schützen. Er definiert zunächst die AM, die der Verschreibungspflicht unterliegen. Dies geschieht mithilfe einer Positivliste von ASten.

Unter die AMVV fallende AM dürfen nur von Apotheken abgegeben werden, wenn gegebene Regularien hinsichtlich der Verordnung eingehalten sind. Die AMVV richtet sich sowohl an die verschreibenden Ärzte als auch an die in Apotheken AM abgebenden Personen. Die AMVV ist bei der Abgabe von rp AM die Basis, ihre Vorschriften müssen immer eingehalten werden. Fragen in Zusammenhang mit den Kosten bzw. Preisen, der Kostenübernahme oder der Verschreibungsfähigkeit eines AM

gehen über die AMVV hinaus; sie sind nicht Gegenstand der AMVV, sondern z.B. des Rahmenvertrags.

Eine Verschreibung bzw. ein Rezept ist als Urkunde anzusehen. Bei nachträglichen Veränderungen wie einer Durchstreichung oder Ergänzung könnte demnach das Delikt der Urkundenfälschung in Betracht kommen. Es muss also klar ersichtlich sein, wer was wann verordnet, geändert oder ergänzt hat.

1.1 Vorlage des Originals

In § 1 der AMVV heißt es, dass verschreibungspflichtige Arzneimittel, nur nach Vorlage einer ärztlichen, zahnärztlichen oder tierärztlichen Verschreibung abgegeben werden dürfen, eine "Zweitschrift", eine Kopie, ein Scan oder ein Fax zählen nicht dazu. Grundsätzlich gilt: Rezepte sind nur im Original gültig. Die Kennzeichnung als Duplikat wäre eine unklare Verordnung. Es wäre abzuklären, wo das Original geblieben ist bzw. ob das Original schon einmal beliefert worden ist. Es ist denkbar, dass der Patient das Original verloren hat, und der Arzt eine erneute Originalverordnung ausgestellt hat. In diesem Fall wäre das Rezept belieferbar und abrechenbar.
Dies alles gilt sinngemäß auch für die elektronische Ausstellung eines Rezepts.

1.2 Abgabe ohne Rezept

Die AMVV kennt zwei Ausnahmen: Falls ein dringender Fall vorliegt genügt vorerst ein Telefonat mit dem Arzt; oder die Abgabe erfolgt direkt an einen Arzt.

Bei einer telefonischen Notfallverordnung mit nachgeliefertem Rezept kann es zu Problemen mit dem

43

Abgabedatum kommen. Im Normalfall kann das Abgabedatum nicht vor der Rezeptausstellung liegen. Und: Zum Zeitpunkt der Abgabe liegt bei telefonischer Verordnung kein ordnungsgemäß ausgestelltes Rezept vor. Es gibt also gegenüber der KK Erklärungsbedarf.

1.3 Mindestangaben gemäß AMVV

In der AMVV gibt es keine Anforderungen an die äußere Form bzw. die Forderung nach Einsatz eines Formblatts. Es könnte im Grunde jedes Blatt Papier verwendet werden. Man bezeichnet ein solches Rezept als Privatrezept.
Folgende Angaben sind notwendig:
- Für wen wurde verordnet?
- Wer hat ausgestellt?
- - Die Verschreibung muss die eigenhändige Unterschrift des Verschreibenden tragen bzw. elektronisch signiert sein.
- - Angaben zum Arzt bzw. „Arztstempel" mit Vor- und Nachname, Berufsbezeichnung, Anschrift und Telefonnummer.
- Was genau ist verordnet?
- - „Bezeichnung des Fertigarzneimittels oder des Wirkstoffes einschließlich der Stärke" und
- - „Darreichungsform, sofern dazu die Bezeichnung nicht eindeutig ist". Gemäß AMVV darf die Apotheke die „Wirkstärke, Darreichungsform" in einem dringenden Fall auch ohne Rücksprache mit dem Arzt ergänzen.
- - Die abzugebende Menge des AM. Die Menge berührt das Risiko des verschriebenen AM. In einem dringenden Fall darf laut AMVV die Apotheke die Menge auch ohne Rücksprache mit dem Arzt ergänzen. In anderen Fällen ist die kleinste im Handel befindliche Packung abzugeben, falls keine Menge angegeben ist.

- Wie ist das Präparat anzuwenden?
- - Es ist eine Dosierung auf dem Rezept anzugeben; alternativ kann der Arzt eine schriftliche Anweisung mitgeben und mit dem Kürzel "Dj" (Dosierungsanleitung ja) auf dem Rezept darauf hinweisen.
- - Bei Rezeptur-AM muss gemäß AMVV auf dem Rezept eine Gebrauchsanweisung angegeben sein. Diese Gebrauchsanweisung darf jedoch fehlen. Sie muss dann durch die Apotheke ergänzt werden.

1.4 Sonderregelungen

Das Wiederholrezept
In 2020 wurden Mehrfachverordnungen gesetzlich erlaubt. Nach der Erstabgabe dürfte sich die Abgabe unter definierten Voraussetzungen innerhalb eines Jahres bis zu drei Mal wiederholen. Die Details der Umsetzung sollen die Spitzenverbände der GKV, der KV und der Apothekerverbände nach Einführung des eRezepts regeln. Inzwischen ist ein Pilotprojekt der AOK Bayern gestartet worden.

Die AMVV gibt ferner Regelungen zur Verschreibung innerhalb eines Krankenhauses oder für den Rettungsdienst vor. Auf solche Sonderfälle soll hier nicht eingegangen werden.
Die Regeln für Sonderrezepte wie BtM-, T- und Isotretinoin-Rezepte und die Verschreibung für den Praxisbedarf werden in einem eigenen Abschnitt besprochen.

2. Anforderungen der ApBetrO

Bei der AM-Abgabe spielt auch die Apothekenbetriebsordnung eine Rolle. Sie fordert, dass die Verschreibung eindeutig und ohne erkennbaren Irrtum sein muss; vor einer Abgabe müssen alle Unklarheiten beseitigt sein.

AMVV § 2	Anmerkungen
äußere Form oder Formblatt	Keine Anforderungen
Name, Vorname, Berufsbezeichnung und Anschrift der Praxis oder der Klinik der verschreibenden Person einschließlich einer Telefonnummer; kompletter Arztstempel	
Eigenhändige Unterschrift	Keine Paraphe
Datum der Ausfertigung	
Gültigkeitsdauer	Falls nichts angegeben, so gilt das Rezept 3 Monate lang (Achtung: Isotretinoin „Frauen, oral" 6 d; T-Rezept 6 d; BtM-Rezept 7 d)
Name der Person, für die das AM bestimmt ist	
Geburtsdatum	
Bezeichnung des Fertigarzneimittels oder des Wirkstoffes	Die Verschreibung muss eindeutig sein; in einem dringenden Fall darf die Apotheke Wirkstärke und Darreichungsform ergänzen
Stärke	
Darreichungsform, sofern dazu die Bezeichnung nicht eindeutig ist	
Menge	Falls ohne Angabe gilt die kleinste Packung als verschrieben
Gebrauchsanweisung	Ggf. „Dj". Darf bei Rezepturen fehlen, muss durch die Apotheke ergänzt werden

3. Anforderungen an das GKV-Rezept

Auf der Basis des SGB zu beliefernde Rezepte müssen weitere Anforderungen erfüllen, die in Hinblick auf die Abrechnung mit den KK wichtig sind. Hier geht es um Nummern, die den KK, den Ärzten, den Arztpraxen, den Apotheken und den verordneten Produkten zugewiesen sind.

Die Einführung des elektronischen Rezepts dürfte dazu führen, dass die in der Apotheke vorgelegten Rezepte formal korrekt sind.

Beim elektronischen Rezept wiederum sind nicht alle „Heilungsmöglichkeiten" anwendbar.

Folgende Ausführungen beziehen sich auf das klassische GKV-Rezept in Papierform:
- Verwendung von Muster 16

Als Formblatt für eine solche Verordnung hat man sich auf das rosarote „Muster 16"-Rezept geeinigt. Zusätzlich gibt es technische Regeln zur Bedruckung des Rezepts oder zur Verwendung von überklebenden Etiketten, damit die elektronische Lesbarkeit der Rezepte gegeben ist.

Der Urheber von nachträglichen Änderungen oder Ergänzungen muss erkennbar sein. Dies betrifft auch den Arzt. Sollte der Arzt eine handschriftliche Ergänzung nicht abzeichnen, dann handelt es sich um eine unklare Verordnung, und die Apotheke muss vor der Abgabe eine Klärung herbeiführen. Jede Ergänzung auf der „Urkunde Rezept" muss unter Angabe des Datums abgezeichnet werden.

Die Regelungen in Zusammenhang mit einer Verordnung auf Muster 16-Rezept finden sich im Rahmenvertrag. Sie basieren auf der AMVV. Die Übernahme in die elektronische Rezeptgenerierung erfolgt analog. Das elektronische Rezept wird dafür sorgen, dass „Fehlstellen" auf dem Rezept verschwinden werden. Weitere Konkretisierungen sind den Lieferverträgen zu entnehmen.
- Angaben zum Arzt

Die Ergänzung des kompletten Arztstempels durch die Apotheke ist bereits durch die AMVV ausgeschlossen. Anders verhält es sich bei einzelnen Ergänzungen wie LANR und BSNR. Diese sind auf dem Muster 16 vorgesehen, sie dürfen von der Apotheke ergänzt werden. Achtung: Je nach Liefervertrag muss es die Apotheke sogar.
- Angaben zum Patienten und Kostenträger

Das Geburtsdatum, das im Rahmen der Arzneimittelsicherheit erforderlich ist, könnte laut AMVV durch die Apotheke ergänzt werden.

Da die korrekte Zuordnung der Abrechnung eine große Rolle im Rahmen der GKV-Versorgung spielt, fordert das rosarote Muster-16-Rezept zusätzlich die Angabe der Anschrift des Patienten und der Patientennummer; ferner die Angabe der Krankenkasse bzw. des Kostenträgers und der entsprechenden Nummer.

Über die Zulässigkeit einer Ergänzung oder Änderung dieser Daten entscheidet der konkret vorliegende Liefervertrag.
- Maschinenlesbarkeit

Im SGB V selbst bzw. der dazugehörigen Technischen Anlage wird die maschinenlesbare Übertragung der Pharmazentralnummer auf das Rezept sowie die Weiterleitung der Rezepte und der Abrechnungsdaten an die Krankenkassen geregelt. Auch eventuell nötige Korrekturetiketten werden hier beschrieben.
- Das Ersatzverfahren

Dieses greift, wenn dem Arzt keine EDV bzw. Möglichkeit zur Bedruckung zur Verfügung steht, also z.B. bei einem Hausbesuch oder im Notdienst). Solche handschriftlich ausgefüllten Rezepte dürfen auf die Kassennummer, die Versichertennummer und bei Ersatzkassen auf die LANR und BSNR verzichten.

3.1 Datum und Gültigkeit

Gemäß AMVV dürften Apotheken in einem dringenden Fall ein fehlendes Datum ergänzen. Die AMVV sieht eine maximale Gültigkeitsdauer der Verschreibung von drei Monaten vor. Eine so lange Zeit räumt die GKV ihren Versicherten nicht ein. Hier beträgt die Gültigkeitsdauer bei der Verschreibung von AM vier Wochen.
Je nach Liefervertrag bezieht sich diese Frist auf die Vorlage oder die Belieferung des Rezepts. Unter Belieferung versteht man die komplette Belieferung, also das Datum der letzten Teillieferung. Eine Fristüberschreitung aufgrund von Herstellung oder Beschaffung ist möglich (Dokumentation auf dem Rezept!).
Im Übrigen muss die Apotheke das Datum der Belieferung auch gemäß ApBetrO erfassen und dokumentieren.

3.2 Angaben zum AM

Laut Rahmenvertrag darf die Apotheke die Angaben zum AM nach Rücksprache mit dem Arzt ergänzen oder ändern.
Im dringenden Fall oder im Notdienst kann dies auch vorerst ohne Rücksprache erfolgen, sofern keine Zweifel bestehen.

Es gibt eine Ausnahme: Die Menge des AM darf die Apotheke nicht ändern. Sie muss sich an die Regelungen des Rahmenvertrags halten. Dies betrifft auch den dringenden Fall mit einer Reihe von Sonderregelungen. Dies wird im Abschnitt Packungsgröße besprochen.

Ein Kunde bringt ein GKV-Rezept mit der Menge 30 Stück. Der Kunde möchte 50 Stück, die Differenz will er selber bezahlen.

Eine solche Mengenerhöhung durch die Apotheke ist ausgeschlossen. Nur der Arzt kann die Menge erhöhen (und auf dem Rezept abzeichnen) oder ein neues Rezept ausstellen.

Ein Kunde bringt ein GKV-Rezept über ein Antibiotikum: 10 Tabl., Dosierung 7 Tage lang 2 Tabl. täglich.

Hier handelt es sich um einen offensichtlichen Irrtum, denn die verordnete Menge passt nicht zum Zeitraum bzw. der Dosierung. Nach ApBetrO muss dieses Problem vor der Abgabe geklärt sein. Es ist Rücksprache mit dem Arzt zu halten, da entweder die Menge oder die Dosierungsanleitung geändert werden muss.

Auf einem Rezept für ein Kind findet sich keine Angabe zur Darreichungsform. Im Handel befinden sich Tabletten und Saft.

Der Saft ist für das Kind richtig dosiert. Die Apotheke darf das Rezept ergänzen, dokumentiert dies mit Unterschrift und gibt das Präparat ab.

Von einem AM gibt es sowohl Kapseln als auch Tabletten in identischer Dosierung. Auf einem Rezept findet sich keine Angabe zur Darreichungsform. Der Patient erhielt bisher immer Tabletten.

Die Apotheke darf die Darreichungsform ergänzen.

3.3 Angabe der Diagnose

Die Angabe einer Diagnose ist auf dem Verordnungsblatt nicht vorgesehen. Ausnahme: Es handelt sich um eine HilfsM-Verordnung.

3.4 Vergleich der Anforderungen

AMVV „Privatrezept"	Besondere Anforderungen an das Kassenrezept
Keine Vorgabe einer äußeren Form oder eines Formblatts	Besondere Vorgaben
Name, Vorname, Berufsbezeichnung und Anschrift der Praxis oder der Klinik der verschreibenden Person einschließlich einer Telefonnummer	Zusätzlich LANR, BSNR
Eigenhändige Unterschrift	
Datum der Ausfertigung	Achtung: verkürzte Gültigkeitsdauer beachten
Name der Person, für die das AM bestimmt ist	Zusätzlich Anschrift; Zusätzlich Kostenträger bzw. KK mit Versichertennummer
Geburtsdatum	
Bezeichnung des Fertigarzneimittels oder des Wirkstoffes (Stärke, Darreichungsform, Menge)	Es gibt komplizierte Vorgaben bzw. eine Abgabereihenfolge bei einem eventuell nötigen Austausch des verordneten AM; Stichworte Rabatt-, Import- oder preisgünstiges AM; Eindeutigkeit der Verordnung?
Dosierungsanleitung oder „Dj"	
Gebrauchsanweisung bei Rezepturen	Muss bzw. darf ergänzt werden

Abschnitt 6

Sonderrezepte: BtM- Rezept, T-Rezept, Entlassrezept, Isotretinoin-Verordnung, Sprechstundenbedarf, BG-Rezepte, Rezepturen

1. Das BtM-Rezept
2. Das T-Rezept
3. Das Entlassrezept
4. Isotretinoin-Verordnungen
5. Verordnung von Sprechstundenbedarf
6. Verordnungen zu Lasten der BG
7. Rezepturverordnungen
8. Diätetika

1. Das BtM-Rezept

Grundsätzlich müssen BtM auf dem speziellen amtlichen Rezeptformblatt, dem BtM-Rezept verschrieben werden. Solche Rezepte kann ein Arzt mit Sitz in Deutschland bei der Bundesopiumstelle des BfArM für sich persönlich anfordern. (Ausländische Ärzte erhalten in der Regel keine amtlichen deutschen BtM-Rezepte. Sie können demnach keine BtM verordnen.)
Das Formblatt ist gelb und besteht aus drei Teilen: Ein Durchschlag bleibt beim Arzt, ein Teil dient der Abrechnung – entweder für privat oder für die GKV, ein weiterer Teil bleibt zur Dokumentation in der Apotheke.

Die Angaben müssen auf allen Teilen der Verschreibung übereinstimmend enthalten sein. Daraus lässt sich folgende Schlussfolgerung ziehen: Jede Änderung in der Apotheke kann nur nach Rücksprache mit dem Arzt erfolgen, denn auch der Rezeptteil

beim Arzt muss entsprechend geändert werden. Und: In der Apotheke sollte man einen Blick darauf verwenden, dass die beiden vorgelegten Teile identisch bedruckt sind.

Ein BtM-Rezept darf nur für Verordnungen von BtM verwendet werden. Allerdings dürfen Nicht-BtM, die in einem therapeutischen Zusammenhang mit der BtM-Anwendung stehen, auf dem BtM-Rezept erscheinen. Ein typisches Beispiel ist die Verordnung eines Abführmittels neben einem Opiat.

Ein BtM-Rezept ist nur 7 Tage gültig. Nachdem der Ausstellungstag nicht dazu zählt, gilt die Regel 7 + 1. Diese Frist beschreibt die Frist bis zur Belieferung, und nicht etwa bis zur Vorlage des Rezepts. Auf Rezepte, die innerhalb der Frist nicht beliefert werden können, muss zwingend eine durch die Apotheke abgezeichnete Begründung für die spätere Lieferung. Sonn- und Feiertage besitzen keine fristverlängernde Wirkung.

Gegenüberstellung

AMVV	BtMVV
Name, Vorname, Berufsbezeichnung und Anschrift des Arztes einschließlich einer Telefonnummer	…
eigenhändige Unterschrift der verschreibenden Person	… *im Vertretungsfall der Vermerk "i.V.".*
Name und Geburtsdatum des Patienten	*… + Anschrift des Patienten*
Datum der Ausfertigung,	…
- Bezeichnung des Fertigarzneimittels oder des Wirkstoffes sofern dazu die obige Angabe nicht eindeutig: - Darreichungsform - einschließlich der Stärke	… *(statt Stärke heißt es hier: Gewichtsmenge des enthaltenen Betäubungsmittels je Packungseinheit, bei abgeteilten Zubereitungen je abgeteilter Form)*
abzugebende Menge des verschriebenen Arzneimittels	**immer:**

(fehlt bei Arzneimitteln in abgabefertigen Packungen die Angabe der Menge des verschriebenen Arzneimittels, so gilt die kleinste Packung als verschrieben)	*(genaue) Menge des verschriebenen Arzneimittels in Gramm oder Milliliter, Stückzahl der abgeteilten Form*
Dosierungsanleitung, ggf. "Dj" (Dosierungsanleitung ja) oder Gebrauchsanweisung bei Arzneimitteln, die in der Apotheke hergestellt werden sollen,	**immer:** *Gebrauchsanweisung mit Einzel- und Tagesgabe oder falls dem Patienten eine schriftliche Gebrauchsanweisung übergeben wurde, ein Hinweis auf diese schriftliche Gebrauchsanweisung; (bei Substitutionsmitteln zusätzlich deren Reichdauer in Tagen)*
Gültigkeitsdauer der Verschreibung, fehlt die Angabe der Gültigkeitsdauer, so gilt die Verschreibung gemäß AMVV drei Monate.	***immer 7 + 1***
	Gegebenenfalls der Buchstabe *- "A",* *- "S" und in Kombinationen mit S zusätzlich „Z",* *- "K",* *- "N"*
(6) Fehlt das Geburtsdatum der Person, für die das Arzneimittel bestimmt ist, oder fehlen Angaben oder sind sie unvollständig, so kann der Apotheker, wenn ein dringender Fall vorliegt und eine Rücksprache mit der verschreibenden Person nicht möglich ist, die Verschreibung insoweit ergänzen. Dies regelt die AMVV, Stichwort Privatrezept, strengere Regelung im Rahmenvertrag bei GKV!!	*Die Angaben … müssen auf allen Teilen der Verschreibung übereinstimmend enthalten sein.* *Bei Verschreibunge, die einen für den Abgebenden erkennbaren Irrtum enthalten, unleserlich sind oder den Vorschriften nach § 9 Abs. 1 … nicht vollständig entsprechen, ist der Abgebende berechtigt, nach Rücksprache mit dem verschreibenden Arzt, Zahnarzt oder Tierarzt Änderungen vorzunehmen.*

Beim Patienten bzw. Empfänger fordert die BtMVV immer, also auch bei Privatrezepten, die Angabe der Anschrift.

Das AM ist eindeutig zu beschreiben, also mit Angabe der Stärke und Darreichungsform. Ausnahme: Dies ergibt sich aus der AM-Bezeichnung (kein Unterschied zum normalen Rezept).
Bei BtM-Pflastern gehört zur eindeutigen Beschreibung gegebenenfalls die Beladungsmenge und die Freisetzungsrate. Und als Gebrauchsanweisung das Wechselintervall.

Wichtig: Die Menge des BtM muss genau angegeben werden, z.B. in g, ml oder als Stückzahl. Die N-Bezeichnung genügt nicht.

Bei BtM muss eine eindeutige und klare Gebrauchsanleitung angegeben sein, oder der Hinweis auf eine dem Patienten mitgegebene schriftliche Anweisung wie z.B. „gemäß schriftlicher Anweisung". Es muss eine Einzel- und Tagesgabe angeführt werden. Die Vorschrift „bei Bedarf" genügt nicht.

Daraus ergeben sich Besonderheiten für die Anwendung von Rabattverträgen. Grundsätzlich müssen die Vorgaben zum Austausch durch Rabatt-AM auch bei BtM berücksichtigt werden.
- Hinsichtlich der Menge darf nur genau, also z.B. stückzahlgenau ausgetauscht werden. Der gleiche N-Bereich genügt hier nicht.
- Die Dosierungsanleitungen müssen identisch sein, also z.B. bei retardierten Arzneiformen eine 12- oder eine 24-stündige Gabe bzw. bei Pflastern eine Anwendung alle drei oder alle vier Tage.
- Darüber hinaus dürfen BtM-haltige Pflaster nur ausgetauscht, wenn die Freisetzungsrate, also die pro Zeiteinheit abgegebene Menge und die Gesamtmenge an Ast, die sogenannte Beladung, identisch sind.
Die Substitutionsausschlussliste ist zu beachten.

Bei der Belieferung von BtM-Rezepten sind ferner folgende Regelungen zu beachten:

Die Höchstmenge eines BtM-Ast darf nicht überschritten werden, andernfalls muss der Buchstabe "A" auf dem Rezept vermerkt sein. Die Höchstmenge bezieht sich nicht nur auf ein vorliegendes Rezept. Sie gilt für einen Verordnungszeitraum von 30 Tagen. Beliefern Sie also am 1. eines Monats ein Rezept, und legt dieser Patient ein identisches Rezept 20 d später vor, dann muss die Apotheke prüfen, ob die Höchstmenge überschritten ist. Das ist eigentlich nur bei Stammkunden machbar. Und: Es geht um den Verordnungszeitraum; die Reichdauer eines Rezepts darf die 30 d überschreiten.

Ein BtM-Rezept mit dem Buchstaben N darf nicht mehr beliefert werden! Hier handelt es sich um die Nachlieferung eine BtM-Verordnungsblattes; das entsprechende BtM wurde auf der Basis einer Notfallverordnung auf einem "normalen" Rezept bereits abgegeben.
Die besonderen Vorschriften zum Buchstaben S für eine Substitution mit ihren möglichen Buchstabenkombinationen und den Angaben zur Gebrauchsanweisung sind zu beachten.

2. Das T-Rezept
(T für Thalidomid oder teratogen)

Für die Arzneistoffe Lenalidomid, Pomalidomid und Thalidomid gibt es besondere Regelungen. Für ihre Verordnung muss zwingend ein zweiteiliges T-Rezept verwendet werden. Auf diesem Formblatt sind Angaben mit Feldern zum Ankreuzen vorhanden, die der Sicherheit der Verordnung dienen und daher nur vom Arzt ausgefüllt werden dürfen, eine Ergänzung durch die Apotheke scheidet aus. Bei zwei Feldern geht es um Sicherheitsbestimmungen bzw. die Aushändigung von Informationsmaterial, zwei weiter Felder fragen ab, ob es sich um eine „in-label" oder eine „off-label" Anwendung handelt.

Es darf maximal ein Arzneimittel verordnet werden. Die Abgabemenge ist begrenzt: bei Frauen im gebärfähigen Alter kann ein vier-Wochen-, ansonsten ein zwölf-Wochen-Bedarf verordnet sein. T-Rezepte sind maximal 6 Tage gültig (bzw. 6+1, also einen Tag kürzer als BtM-Rezepte).

Die Abgabe (und der Bezug) entsprechender AM muss in der Apotheke dokumentiert und regelmäßig an das BfArM gemeldet werden.

3. Das Entlassrezept

Mithilfe eines Entlassrezeptes soll der Übergang von einer stationären Behandlung in die ambulante Versorgung erleichtert werden. Eine Entlassverordnung entspricht der Muster 16-Verordnung mit einer Sonderkennzeichnung „Entlassmanagement". (Bei BtM- und T-Rezepte fehlt die Sonderkennzeichnung „Entlassmanagement". In diesen Fällen sind Entlassrezepte nur durch die mit 75 beginnende Betriebsstättennummer und die „4" im Statusfeld zu erkennen.)

Eine Entlassverordnung ist ordnungsgemäß ausgestellt und erstattungsfähig, wenn die Betriebsstättennummer im Personalienfeld und in der Codierleiste übereinstimmen und eine Krankenhausarztnummer oder eine fachgruppenspezifische mit „4444444" beginnende Pseudoarztnummer aufgedruckt ist. Und: Eine Entlassverordnung trägt die mit „75" beginnende versorgungsspezifische Betriebsstättennummer in der Codierleiste und die Kennziffer „4" an letzter Stelle des Statusfeldes.

Die Belieferung muss innerhalb von drei Werktagen nach der Ausstellung erfolgen (inklusive Ausstellungstag; als Werktag gilt auch der Samstag; ein am Freitag ausgestelltes Rezept kann bis einschließlich Montag eingelöst werden).

Grundsätzlich soll die kleinste gemäß PackungsgrößenV definierte und im Handel befindliche Packungsgröße (meistens die N1) oder eine kleinere im Handel befindliche Packungsgröße beliefert werden. Dabei darf die verordnete Menge nicht überschritten werden. Höhere verordnete Mengen werden durch die Apotheke gekürzt. Befinden sich nur Packungsgrößen im Handel, die größer sind als die kleinste definierte Packungsgröße, so kann unter Angabe der Sonder-PZN: 06460731 die kleinste im Handel befindliche Packungsgröße beliefert werden. Abweichungen von dieser Vorgehensweise aufgrund von regionalen Lieferverträgen sind möglich!

Rezepturen können bei Ersatzkassen wie verordnet beliefert werden, in anderen Fällen könnte eine Kürzung auf eine siebentägige Reichweite nötig sein.

Bei sonstigen in die Arzneimittelversorgung einbezogenen Produkten nach § 31 SGB V soll die Reichdauer von 7 Tagen bzw. die kleinste im Handel befindliche Packung nicht überschritten werden. Höhere verordnete Mengen können (nach Vermerk und Abzeichnung) entsprechend gekürzt werden.

4. Isotretinoin-Verordnungen

Die Verordnung von oral anzuwendenden Isotretinoin-AM erfolgt auf einem "normalen" Rezept. Jedoch wurden von der EU bzw. dem BfArM aufgrund der teratogenen Wirkung mehrere Auflagen erlassen. Bei Patientinnen im gebärfähigen Alter muss eine Schwangerschaft vor, während und fünf Wochen nach der letzten Einnahme durch den Arzt sicher ausgeschlossen werden.
In der Apotheke ist Folgendes zu beachten:
 - Die Abgabemenge an Frauen auf einem Rezept ist auf einen Bedarf für 30 Tage begrenzt.
 - Das Rezept hat eine Gültigkeitsdauer von maximal 7 Tagen.

Nachdem die Anwendung in Schwangerschaft und Stillzeit streng kontraindiziert ist, dürfen de AM keinesfalls vom Patienten weitergegeben werden. Bis zu einem Monat nach der Behandlung darf kein Blut gespendet werden. Nicht eingenommene Präparate sollen an die Apotheke zurückgegeben werden.

Anmerkung: Nicht ganz klar ist die Angabe „maximal 7 Tage". Zählt man wie bei den BtM den Ausstellungstag nicht dazu, ergäbe sich die 7+1 Regelung. Das BfArM hat sich aber schon dahingehend geäußert, dass es unter 7 Tagen 6+1 versteht. Eine vertragliche Konkretisierung mit den Kostenträgern existiert nicht.

5. Verordnungen von Sprechstundenbedarf

Diese Verordnungen erfolgen mit dem üblichen GKV-Rezept. Anzukreuzen ist das Feld Nr. 9, statt eines Patienten wird „Sprechstundenbedarf", „pro communitate" oder „p.c." eingetragen. Die Frage des konkreten Kostenträgers regeln die KK, beispielsweise erfolgen in Bayern alle Sprechstundenbedarfsverordnungen zu Lasten der AOK Bayern. Ferner gibt es zwischen KK und Kassenärzten Vereinbarungen darüber, welche Produkte über den Sprechstundenbedarf vom Arzt geordert werden können. Die Apotheken haben die Einhaltung dieser Vereinbarung nicht zu kontrollieren.

Auch die empfohlenen und üblichen Impfstoffe werden im Fall der GKV über den Sprechstundenbedarf verordnet. Es sind die Felder 9 und 8 anzukreuzen. Für Hilfsmittel als p.c. sind die Kästchen 9 und 7 vorgesehen.

Rabattverträge gelten nicht im Bereich der p.c.-Verordnungen, ein allgemeines Verbot von Bagatell- und OTC-AM gibt es nicht. Auch Großpackungen können bzw. sollen verordnet werden, Jumbopackungen sind also nicht verboten.

Nicht abgegeben werden dürfen:
- Einzelimporte nach § 73, 3 AMG,
- Lifestyle-AM,
- AM der sog. Negativliste.

6. Verordnungen zu Lasten der BG

Folgende, im Vergleich zu einem GKV-Rezept zusätzliche Angaben muss der Arzt auf dem Muster 16-Rezept machen:
- Name des Unfallversicherungsträgers,
- Kennzeichnung als Arbeitsunfall, wenn keine Berufskrankheit,
- Unfalltag, sofern zutreffend.

Bei Rezepten zu Lasten einer BG stellt sich die Frage, welche Produkte überhaupt verordnungsfähig sind. Die Aussagen des SGB V beziehen sich zunächst auf die Versorgung zu Lasten der GKV. Es muss ein Blick in den Liefervertrag mit der BG geworfen werden, der auf der Grundlage des SGB VII in Zusammenhang mit der gesetzlichen Unfallversicherung abgeschlossen wird.
Dort heißt es in § 1, dass die Versorgung mit
- AM,
- Verbandmitteln sowie mit
- Medizinprodukten und sonstigen apothekenüblichen Waren gemäß ApBetrO einschließlich HilfsM in diesem Vertrag geregelt wird.
Die Ausschlüsse von der Versorgung im Bereich der GKV gelten hier nicht. Es könnten also OTC-AM, Lifestyle-AM, MedP, Diätetika oder andere apothekenübliche Waren zu Lasten der BG verordnet werden.
Es gelten die Festbeträge, sowohl für AM als auch für HilfsM. Es können für den Kunden also Mehrkosten anfallen. Allerdings kann der Arzt ein teureres AM unter Hinweis auf die medizinische Notwendigkeit oder unter Verwendung eines aut idem-Kreuzchens

verordnen, sodass in diesem Fall keine Mehrkosten anfallen. Ansonsten gelten die Regelungen zur Auswahl eines preisgünstigen AM und zur Stückelung von Packungsgrößen, die auch im Bereich GKV zur Anwendung kommen.

Zuzahlungen sind hier nicht fällig.

7. Rezepturverordnungen

Verschreibungspflichtige Rezepturen können zu Lasten der GKV abgegeben werden. Nicht verschreibungspflichtige Rezepturen sind keine Kassenleistung – bis auf die in der OTC-Ausnahmeliste genannten Fälle:
- der Salicylsäuregehalt beträgt mindestens 2 % oder
- der Harnstoffgehalt beträgt mindestens 5 %.
Auch bei Rezepturverordnungen muss das AM immer eine Gebrauchsanweisung bzw. Dosierungsanleitung tragen. Falls der Arzt dazu keine Angaben auf dem Rezept gemacht hat, darf bzw. muss die Apotheke die entsprechenden Angaben ergänzen.
Grundsätzlich müssen die Bestandteile der Rezeptur auf die Vorderseite des Rezepts; die Rückseite darf nur benutzt werden, wenn die Vorderseite nicht ausreicht. Pro Rezeptur ist ein Rezeptformular zu verwenden.

Für die Verordnung von parenteralen Lösungen bestehen einige Sonderregelungen.
Im Bereich Substitutionstherapie von Opiatabhängigen kommen Rezepturen häufig vor, die Methadon, L-Polamidon, Buprenorphin oder andere Präparate enthalten. Es sind die Vorschriften der BtMVV zu beachten.
Abgerechnet wird gemäß Hilfstaxe.

Es sind Zusatzangaben zu den eingekauften und eingesetzten Ausgangsstoffen zu machen. Diese werden bis zur Einführung des eRezepts in Form eines „Hashtags" auf das Rezeptformular aufgedruckt. Den Hashtag erzeugt die Apotheken-EDV mithilfe ihrer Warenwirtschaft. (Diese Vorgehensweise wurde zuerst bei parenteralen Zubereitungen und bei Cannabis-Rezepturen verpflichtend eingeführt.)

8. Diätetika

Nach § 31 SGB V sind Elementardiäten, Sondennahrung, Eiweißhydrolysate oder Aminosäurenmischungen verordnungsfähig. Allerdings legt der G-BA die Voraussetzungen für die Erstattungsfähigkeit fest.
Die Abrechnung dieser Produkte erfolgt auf der Basis von Lieferverträgen mit fixen Zuschlägen auf den EK. Der Zuschlag ist abhängig von der Zahl der Packungen degressiv gestaffelt. Unter der Anzahl der Packungen versteht man die Gesamtzahl, unabhängig von einer Unterteilung in unterschiedliche Geschmacksrichtungen.

Sofern Sondennahrung mit einer Sonde (die Sonde ist ein HilfsM) verordnet ist, könnte die Hilfsmitteleigenschaft die Belieferungsmodalitäten bestimmen. Es könnte also das Vorliegen eines Versorgungsvertrags die Voraussetzung sein.

Anmerkung 1: Für die Abgabe und Abrechnung mit den KK von Präparaten zur enteralen Ernährung (Trink- und Sondennahrung) ist ab 2022 eine Präqualifizierung nötig – siehe Abschnitt Hilfsmittel.

Anmerkung 2: Präparate zur parenteralen Ernährung sind als AM eingestuft und somit im Grundsatz verordnungsfähig.

Abschnitt 7
Rabattverträge und Austausch ohne Rabattvertrag

1.1 Vorrang für Rabattarzneimittel - unter Bedingungen
1.2 Die Substitutionsausschlussliste
1.3 Biotechnologisch hergestellte Arzneimittel
2. Ausnahmsweiser Verzicht auf den Austausch
2.1 Akutversorgung
2.2 Rabatt-AM nicht lieferbar
2.3 Pharmazeutische Bedenken
2.4 Ausschluss durch den Arzt
3. Austausch ohne bestehenden Rabattvertrag

Das SGB gestattet den einzelnen GKVen, mit pharmazeutischen Unternehmern Verträge auszuhandeln, die dem Unternehmer bevorzugte Rechte zur Lieferung eines bestimmten AM einräumen – bei Gewährung eines Verkaufspreises unter dem Listenpreis. Der ausgehandelte Preis bzw. der entstehende Rabatt bleiben geheim. Gleichzeitig werden die Apotheken verpflichtet, Rabatt-AM vorrangig abzugeben: Sofern ein Rabattvertrag vorliegt, muss grundsätzlich ein Rabatt-AM abgegeben werden bzw. ein verordnetes AM muss durch ein Rabatt-AM ersetzt werden.
Sollte der Arzt, der immer noch die Oberhoheit für die Verordnung von AM hat, einen Austausch des von ihm verordneten AM verhindern wollen, so muss er aktiv das aut-idem-Kästchen ankreuzen.

Vorgehensweise in der Apotheke:
Bei der Vorlage eines Rezepts muss zunächst geprüft werden, ob bzw. welche Rabatt-AM relevant sind. Dies wiederum hängt davon ab, welche Krankenkasse die Kosten übernehmen soll, und ob diese KK Rabattverträge ausgehandelt hat, die das verordnete AM betreffen. **Es sind also zunächst - nach der formalen Prüfung des**

Rezepts - die KK und das verordnete AM in die EDV einzugeben. **Die Anwendung eines Rabattvertrags genießt die erste Priorität.** Ein Abweichen davon ist nur in wenigen Ausnahmefällen gestattet, die im Rahmenvertrag und den AM-Richtlinien des G-BA festgeschrieben sind. Es gilt: Jede Abweichung von dieser Vorgabe muss auf dem Rezept zur Abrechnung gesondert dokumentiert werden – auch in Form einer Sonder-PZN, damit der Vorgang bei der späteren elektronischen Rezeptabrechnung problemlos erkannt wird.

Ohne angekreuztem aut idem-Kästchen muss ein Rabattvertrag beachtet werden. Eventuell kommen mehrere Rabatt-AM in Betracht, wenn mehrere Verträge bestehen. Dann kann die Apotheke unter diesen Rabatt-AM frei wählen – ohne Berücksichtigung von Listenpreisen; denn der tatsächlich von der KK gezahlte Preis ist geheim. Darüber hinaus ist es unerheblich, ob der Arzt konkret ein bestimmtes FAM verordnet hat („namentliche Verordnung") oder ob er eine Wirkstoffverordnung getätigt hat. (Achtung: Bei namentlicher Verordnung gilt das Original als identisch mit einem entsprechenden Import-AM.)

1.1 Vorrang für Rabatt-AM – unter Bedingungen

Aus pharmazeutisch-therapeutischer Sicht müssen folgende **Voraussetzungen für einen Austausch** des verordneten gegen ein Rabatt- oder ein preisgünstiges AM erfüllt sein:

a) Es muss sich um den identischen **Wirkstoff** handeln. Vorsicht: Auch andere Salze, Ester, Isomere usw. dieses Wirkstoffs gelten als gleich. Ausnahme: Die pharmakologischen oder pharmakokinetischen Eigenschaften unterscheiden sich deutlich voneinander. Dies ist in einer **Tabelle der Anlage VII der AM-RL** konkretisiert. Beispiel: Amitriptylinoxid und

Amitriptylinhydrochlorid gelten als gleich, Erythromycin und Erythromycinethylsuccinat gelten nicht als gleich.

b) Es muss es sich um eine identische **Stärke** bzw. Dosierung handeln.

c) Die **Darreichungsform** muss „vergleichbar" sein. Im einfachsten Fall ist diese Forderung erfüllt, wenn die Darreichungsformen im Artikelstamm gleich bezeichnet ist, also z.B. Kapsel = Kapsel oder Fertigspritze = Fertigspritze (FER). Gängige Kürzel für die Darreichungsform sind KAP (Kapseln), REK (Retardkapseln), TAB (Tabletten), BTA (Brausetabletten), LUT (Lutschtabletten), RET (Retardtabletten), SMT (Schmelztabletten) usw.

Für den Fall, dass die Kürzel für die Darreichungsform nicht identisch sind, listet die **Anlage VII der AM-RL** in der Arzneistoff-Tabelle auf, welche Darreichungsformen eines Wirkstoffs vergleichbar sind.

Auszug aus der Tabelle der Anlage VII der AM-RL:

Wirkstoff	Austauschbare Darreichungsformen
Acebutolol *Acebutolohydrochlorid*	Filmtabletten Tabletten
Amitriptylin *Amitriptylinoxid* *Amitriptylin hydrochlorid*	überzogene Tabletten Filmtabletten Tabletten
Amitriptylin *Amitriptylinoxid* *Amitriptylin hydrochlorid*	Retardfilmtabletten Retardkapseln Retardtabletten
Erythromycin *Erythromycin* *Erythromycinstinoprat*	Kapseln, magensaftresistent Tabletten mit Stinoprat
Erythromycin *Erythromycinethylsuccinat*	Granulat zur Herstellung einer Suspension zum Einnehmen

d) Die **Packungsgröße** muss identisch sein. Achtung: Als identisch gelten auch Packungsgrößen mit z.B. unterschiedlicher Stückzahl, falls sie dem gleichen N-Kennzeichen zugeordnet werden können. Nachdem es bei jeder N-Bezeichnung eine Spanne der enthaltenen einzeldosierten Formen gibt, können Packungen als identisch gelten, obwohl die Stückzahl unterschiedlich ist. (Ausnahme BtM: hier ist gemäß gesetzlicher Vorschrift stückzahlgenau abzugeben; der N-Bereich ist nicht entscheidend.)

e) Die auszutauschenden FAM müssen ein gemeinsames identisches **Anwendungsgebiet** aufweisen.

Bei Generika kann es sein, dass austauschbare, also quasi identische FAM bezüglich ihrer zugelassenen Anwendungsgebiete nicht ganz deckungsgleich sind. Generika haben ihre Anwendungsgebiete nicht durch eigens durchgeführte klinische Studien erhalten, sondern durch eine Bezugnahme auf den ersten Antragsteller. Dieser hat beispielsweise das Indikationsgebiet A erhalten; seine Unterlagen sind 10 Jahre lang geschützt. Dann kann sich ein Generikaunternehmen auf diese Unterlagen berufen und ebenfalls das Anwendungsgebiet A beanspruchen. Sollte allerdings der Erstanbieter durch weitere Studien die Angaben zu seinem Präparat um das Anwendungsgebiet B erweitert haben, dann dürfen Generikaunternehmen das Anwendungsgebiet B zunächst nicht für sich beanspruchen.

Der Gesetzgeber sieht eine Austauschbarkeit als gegeben an, wenn es sich um den gleichen Indikationsbereich handelt, wobei eine Übereinstimmung in einem Anwendungsgebiet ausreichend ist.

Im Fall einer reinen Wirkstoffverordnung durch den Arzt ist diese Frage natürlich nicht relevant. Sie ist nur bei einer namentlichen Verordnung zu beachten.

1.2 Die Substitutionsausschlussliste

Einige Arzneistoffe besitzen eine besonders problematische Bioverfügbarkeit. Entsprechende FAM dürfen grundsätzlich nicht ausgetauscht werden. Die entsprechende **Substitutionsausschlussliste** findet man ebenfalls in **Anlage VII der AM-RL**:

Betaacetyldigoxin	Tabletten
Buprenorphin	Transdermale Pflaster mit unterschiedlicher Applikationshöchst-dauer (z.B. bis zu 3 bzw. bis zu 4 Tage) dürfen nicht gegeneinander ersetzt werden.
Carbamazepin	Retardtabletten
Ciclosporin	Lösung zum Einnehmen
Ciclosporin	Weichkapseln
Digitoxin	Tabletten
Digoxin	Tabletten
Hydromorphon	Retardtabletten mit unterschiedlicher täglicher Applikationshäufigkeit (z.B. alle 12 bzw. 24 Std.) dürfen nicht gegeneinander ersetzt werden.
Levothyroxin-Natrium	Tabletten
Levothyroxin-Natrium plus Kaliumiodid (fixe Kombination)	Tabletten
Oxycodon	Retardtabletten: wie bei Hydromorphon
Phenobarbital	Tabletten

Umgekehrt bedeutet das aber auch, dass der Arzt ein konkretes FAM verordnen muss. Eine Wirkstoffverordnung gilt als nicht eindeutig.

1.3 Biotechnologisch hergestellte AM

Biotechnologisch hergestellte AM sind nicht nur über ihren Wirkstoff sondern auch durch ihr Herstellungsverfahren charakterisiert, da unterschiedliche Herstellungsverfahren möglicherweise zu Unterschieden in der Wirkung trotz gleichen Wirkstoffs führen („Biosimilars"). Deshalb gilt: Für die Austauschbarkeit müssen zwei Präparate als bioidentisch eingestuft sein („Bioidenticals").

Eine entsprechende Liste mit konkreten Regeln zum Austausch soll im Jahr 2022 als Anlage der AM-Richtlinie erscheinen. Im Anhang des Rahmenvertrags findet sich aktuell eine Tabelle zu austauschbaren FAM mit den Wirkstoffen Epoetin alfa, Epoetin zeta, Epoetin theta, Filgrastim, Infliximab, Interferon beta- 1b, Teriparatid und Rituximab.

2. Ausnahmsweiser Verzicht auf den Austausch

Es gibt Situationen, bei denen auf die Abgabe eines Rabatt-AM unter dem Aspekt des Therapieerfolgs ausnahmsweise verzichtet werden kann. Unter folgenden Bedingungen muss der Austausch auf ein rabattiertes FAM nicht unbedingt stattfinden. In allen Fällen gilt: Die Nichtabgabe eines Rabatt-AM ist zu dokumentieren und das Rezept ist mit einem Sonderkennzeichen zu bedrucken (das steht für Nichtabgabe eines Rabatt-AM). Und: Das Wirtschaftlichkeitsgebot ist wie bei einem AM ohne bestehenden Rabattvertrag zu beachten.

2.1 Akutversorgung

Für dringende Fälle oder die Versorgung während der Dienstbereitschaft bzw. des Notdienstes gibt es im Rahmenvertrag besondere Regelungen. Grundsätzlich hat auch dann ein Rabatt-AM Vorrang. Sollte die Beschaffung allerdings eine aus medizinischen Gründen nicht zumutbare Verzögerung mit sich bringen, so muss bzw. darf die Apotheke vom Standardverfahren abweichen. Es muss der Aspekt der Wirtschaftlichkeit gewahrt werden. Das bedeutet:
- Falls ein Rabatt-AM nicht verfügbar ist, muss die Apotheke die Regeln zur Auswahl eines preisgünstigen AM anwenden - soweit möglich. Zu Thema „Auswahl eines preisgünstigen AM" siehe unten unter 3.
- Die Apotheke muss eine Begründung, mindestens jedoch einen Vermerk auf dem Rezept anbringen und abzeichnen.

2.2 Das Rabatt-AM ist nicht lieferbar

Dabei geht es nicht um die Frage, ob das AM nicht auf Lager ist. Es ist nachzuweisen, dass das AM zum Abgabezeitpunkt allgemein nicht verfügbar, also über Großhändler nicht zu beziehen ist. Wie konkret dieser Nachweis zu erbringen ist, ändert sich immer wieder. Möglicherweise könnte er über eine Erklärung des Herstellers oder Großhändlers oder über dokumentierte Abfragen bei Großhändlern erfolgen.

2.3 Pharmazeutische Bedenken

Sogenannte „Pharmazeutische Bedenken" treten auf, wenn durch einen eigentlich geforderten Austausch eines verordneten FAM der Therapieerfolg oder die Arzneimittelsicherheit im konkreten Einzelfall trotz eventueller zusätzlicher Beratung des Patienten

gefährdet sind. In diesem Fall kann die Apotheke von der Substitution bzw. der Abgabe rabattbegünstigter Arzneimittel absehen.

Diese Bedenken sind auf dem Arzneiverordnungsblatt zu konkretisieren und separat abzuzeichnen. (Bei der elektronischen Verordnung sind die pharmazeutischen Bedenken plus das entsprechende Kennzeichen im Dispensierdatensatz anzugeben und mittels qualifizierter elektronischer Signatur durch den für die Abgabe Verantwortlichen zu signieren.) Das vereinbarte Sonderkennzeichen ist auf der papiergebundenen Verordnung anzugeben.
Grundsätzlich sind trotzdem die Regeln zur Abgabe von preisgünstigen oder Import-AM anzuwenden – sofern diesem Vorgehen keine pharmazeutischen Bedenken entgegenstehen.

Themen dafür sind die Teilbarkeit und die Schluckbarkeit von festen Formen, die Anwendung von Inhalationsdevices oder auch der Geschmack z.B. bei Säften für Kinder.

2.4 Ausschluss durch den Arzt

Im Fall einer konkreten, namentlichen Verordnung kann der Arzt die Abgabe eines anderen AM verhindern, indem er das „aut idem-Feld" ankreuzt. Eine namentliche Verordnung könnte lauten: Amlodipin XY Pharma oder Amlodipin plus PZN.

Hier ist ein Sonderfall zu beachten. Das Original-AM und sein entsprechender Import gelten als identisch; somit kann der Arzt alleine durch Ankreuzen des aut idem-Kästchens einen Austausch durch einen Import nicht ausschließen.

3. Austausch ohne bestehenden Rabattvertrag/ Wirtschaftlichkeitsgebot

Für manche Arzneistoffe sind keine Rabattverträge abgeschlossen. Trotzdem sind Apotheken gemäß SGB und Rahmenvertrag zur Wirtschaftlichkeit verpflichtet. Das bedeutet – falls der Arzt kein aut-idem-Kreuz gesetzt hat: gegebenenfalls Austausch gegen ein „preisgünstiges" AM. Es muss natürlich eine Austauschbarkeit hinsichtlich der üblichen Kriterien Wirkstoff, Stärke, Darreichungsform, Packungsgröße und Anwendungsgebiet gegeben sein.

Ferner muss die Frage beantwortet werden, ob die Verordnung unter den "generischen Markt" oder unter den importrelevanten Markt fällt. Die Fragen rund um die Abgabe von Import-AM wird in einem eigenen Abschnitt behandelt.

Um den generischen Markt handelt es sich, wenn sogenannte Nachahmerpräparate = Generika im Handel sind. Es lassen sich hier zwei Situationen unterscheiden:

1. Der Arzt verordnet einen Wirkstoff (plus Darreichungsform und Stärke). Dann muss die Apotheke ein preisgünstiges AM abgeben; preisgünstig heißt, dass das AM zu den vier preisgünstigsten zählt.

2. Der Arzt verordnet "namentlich" ein konkretes FAM. Auch in diesem Fall muss ein preisgünstiges AM abgegeben werden, also eines der vier preisgünstigsten. Aber Vorsicht: Mit einem namentlich verordneten FAM setzt der Arzt einen "Preisanker". Der entsprechende Preis darf nicht überschritten werden. Sollte das verordnete FAM in Preisrangliste den zweiten Platz einnehmen, dann darf nur das billigere oder das verordnete AM abgegeben werden. Mit dem gesetzten Preisanker darf also kein teureres AM

als das verordnete abgegeben werden; die Auswahlmöglichkeit der Apotheke wird eventuell deutlich eingeschränkt.

Es gelten in all diesen Fällen die Regeln bzw. Ausschlüsse eines Austauschs wie bei Rabatt-AM, wie die Substitutionsausschlussliste, die Lieferbarkeit, die Akutversorgung oder die pharmazeutischen Bedenken.

Abschnitt 8
Abgabe der korrekten Packungsgröße

1. Die Packungsgrößenverordnung (PackungsV) und ihr Anwendungsbereich

Pharmazeutische Unternehmer dürfen ihr Angebot an Packungsgrößen frei gestalten. Die Packungsgrößenverordnung (PackungsV) soll ein bisschen Ordnung in den dadurch möglichen Wust von Arzneimittelpackungen bringen; sie stellt darüber hinaus die Basis für die Abgabe wirtschaftlicher Arzneimittelmengen in der Apotheke dar.

Verbandstoffe, MedP, HilfsM oder Diätetika werden von der PackungsV nicht erfasst.

Die PackungsV ordnet die AM-Packungen in die Bereiche oder Normgrößen N1, N2 und N3 ein.

Achtung:
- Die PackungsV gilt nur für apothekenpflichtige AM, egal ob verschreibungspflichtig oder nicht. Sie gilt nicht für andere Produktgruppen.
- BtM-Verordnungen unterliegen strengeren Vorschriften. Hier muss der Arzt immer eine genaue Stückzahl oder Menge verordnen, und diese Menge wird stückzahlgenau abgegeben.
- Auf den Sprechstundenbedarf ist die PackungsV nicht strikt anzuwenden.
Die PackungsV ist insbesondere von Bedeutung bei Leistungen zu Lasten der GKV. Sie wurde auch als Orientierung in die Lieferverträge z.B. der BG, der Sozialämter oder der Bundespolizei aufgenommen.

1.1 Regelungen der PackungsV

Die in der PackungsV definierten **Normbereiche** orientieren sich an der typischen Behandlungsdauer:
N1: Akuttherapie oder Therapieeinstellung.
N2: Dauertherapie mit einem Intervall der ärztlichen Begleitung von ca. einem Monat.
N3: Dauertherapie mit einem längeren Intervall, z.B. von 100 Tagen bzw. einem Quartal.

Für jeden Normbereich wird eine Menge mit einer **Spanne** angegeben:
N1: +/- 20 Prozent, z.B. 10 Stück, Spanne 8 – 12.
N2: +/- 10 Prozent, z.B. 30 Stück, Spanne 27 – 33.
N3: Abweichung ausschließlich nach unten bis – 5 Prozent, z.B. 100 Stück, Spanne 95 – 100.

Es kann sein, dass bei einem Ast bzw. einer Ast-Gruppe ein Normbereich nicht definiert ist; z.B. bleibt die Angabe einer N3 leer.

Die sogenannte **Normgröße** liegt bei N1 und N2 genau in der Mitte der Spanne bzw. des Normbereichs. Bei der N3 ergibt die höchste angegebene Zahl die Normgröße.

Die vom pharmazeutischen Unternehmer gemeldeten Packungsgrößenkennzeichen sind verbindlich; diese Angabe erscheint in der EDV. Pharmaunternehmen können ihr Angebot an Packungsgrößen selbst bestimmen, sie können Packungen ohne N-Kennzeichnung anbieten. Allerdings dürfen sie kein (irreführendes) N-Kennzeichen verwenden, wenn die Packung nicht in den Normbereich fällt. Und: Eine N-Kennzeichnung ist keine zwingende Voraussetzung für eine Kostenübernahme durch die GKV.

Im Rahmen der vertragsärztlichen Versorgung gelten Packungen mit identischem Normkennzeichen als identisch und austauschbar.

Könnte eine verordnete Packung mit 12 Tabletten durch eine Packung mit 8 Tabletten ausgetauscht werden?
Falls die N1 mit 10 Tabletten definiert ist, dann liegt der Bereich zwischen 8 und 12 Stück. Demnach darf ein AM „12 Tabl. N1" gegen eine N1 mit 8 Tabletten ausgetauscht werden, sofern ansonsten nichts gegen einen Austausch spricht. Bei Antibiotika könnte das jedoch eine Verkürzung der Therapiedauer nach sich ziehen und pharmazeutische Bedenken auslösen.
Wäre die Normgröße der N1 mit 20 Stück definiert, dann läge die Packung mit 12 Stück außerhalb des Normbereichs; in diesem Fall stünde eine 8er-Packung nicht zur Auswahl; es muss eine 12er abgegeben werden (siehe unten).

1.2 Gliederung der PackungsV

Um die Zuordnung eines gegebenen FAM zu einem Normbereich selbst vorzunehmen, müsste man in den Anlagen 1 bis 6 nachschlagen. Dort findet man:

Anlage 1: Abgeteilte orale Darreichungsformen

Anlage 2: Nicht abgeteilte Darreichungsformen zur oralen Anwendung

Anlage 3: Darreichungsformen zur rektalen und vaginalen Anwendung

Anlage 4: Abgeteilte Darreichungsformen zur Injektion oder Infusion

Anlage 5: Dermatika und Topika zur lokalen oder systemischen Anwendung

Anlage 6: Spezielle Darreichungsformen und andere Besonderheiten

In den Anlagen finden sich AM-Gruppen in alphabetischer Auflistung.

Bei der Suche nach einem N-Bereich ist also zunächst die zutreffende Anlage und dann die AM-Gruppe zu suchen. Möglicherweise gibt es dann eine weitere Konkretisierung zum verordneten ASt.

Beispiel: Anlage 1, „Analgetika"; mit Angaben zu N1, N2 und N3. Es folgt eventuell nach einem Spiegelstrich eine Konkretisierung oder ein ASt, beispielsweise:
- Kombinationen mit Codein (mit Angabe der N1, N2 und N3)
- Buprenorphin (mit Angabe der N1, N2 und N3)

Abgeteilte orale Darreichungsformen (Angaben in St.)
Analgetika:

N1: 8 – 12 | N2: 27 – 33 | N3: 48 – 50
- Kombinationen mit Codein
N1: 8 – 12 | N2: 18 – 22 | N3: -

Die größte definierte Normgröße N$_{max}$ wäre oben die N3 mit 50 Stück; bei der Codein-Kombination wäre die größte definierte Normgröße die N2, und zwar die Mitte der Spanne, das sind 20 Stück, da eine N3 nicht definiert ist (zur Nmax siehe Punkt 2.2).

2. Regelungen des Rahmenvertrags
2.1 Grundsätze im Rahmen der Normalversorgung

Es gilt: Jede Verordnungszeile ist einzeln zu betrachten und zu bearbeiten bzw. zu beliefern. Im Rahmenvertrag lautet das: „Enthält eine Verordnung mehrere Verordnungszeilen, ist jede Verordnungszeile einzeln zu betrachten und mit der jeweils verordneten Anzahl von Packungen zu beliefern."

Gemäß AMVV dürfte die Apotheke bei einer fehlenden Angabe zur Menge diese nach Rücksprache mit dem Arzt ergänzen oder entweder die kleinste im Handel befindliche Menge abgeben.

Gemäß Rahmenvertrag ist zunächst zu entscheiden, ob die verordnete Menge eindeutig ist bzw. die verordnete(n) Packungsgröße(n) einer im Handel verfügbaren Packung zugeordnet werden können; falls dies nicht möglich ist, handelt es sich um eine unklare Verordnung. Dann muss bei verschreibungspflichtigen AM immer mit dem Arzt Rücksprache gehalten werden. Die Abgabe der kleinsten Packung ohne Rücksprache scheidet im Rahmen der Normalversorgung aus.

Für die Versorgung im dringenden Fall bzw. im Bereitschaftsdienst gelten Sonderregelungen für nicht eindeutige Verordnungen, wenn eine Rücksprache mit dem Arzt nicht möglich ist (siehe unten unter 2.6).

Verordnet ist ein Antibiotikum mit der Angabe „2 x tägl. 1, insgesamt 4 Wochen lang", ohne Angabe einer Packungsgröße. Man benötigt also 56 Stück. Darf die Packung abgegeben werden?
Antwort nein. Sowohl die AMVV als auch der Rahmenvertrag fordern die Angabe einer Menge. Die laut AMVV mögliche Abgabe der kleinsten im Handel befindlichen Packung wäre jedoch therapeutisch sinnlos. Die Verordnung ist unklar und erfordert eine Rücksprache mit dem Arzt.

2.2 Die Nmax als maximale Packungsgröße

Ein Fertigarzneimittel, dessen Packungsgröße die größte der auf Grund der PackungsV bestimmte Packungsgröße übersteigt, darf nicht zu Lasten der gesetzlichen Krankenversicherung abgegeben werden. Die in der PackungsV größte definierte Normgröße wird auch als Nmax bezeichnet.

Die Nmax kann sein:
- falls als größte Packung eine N3 definiert ist, dann gilt die als obere N3-Spanne angegebene Menge oder Stückzahl;
- falls als größte Packung eine N2 oder N1 definiert ist, die Mitte der angegebenen Spanne.

Es darf höchstens die Nmax oder ein Vielfaches davon abgegeben werden, jedoch nicht mehr als die verordnete Menge.

Wichtig: Dieses Verbot ist über dem allgemeinen Wirtschaftlichkeitsgebot angesiedelt. Eine Packung, die größer als Nmax ist, ist auch dann nicht erstattungsfähig, wenn sie günstiger ist als die Nmax-Packung.

Für ein verordnetes AM gilt der Normbereich N3: 95 – 100:
- Verordnet ist eine Packung mit 120 Stück. Diese Packung darf nicht abgegeben werden.
- Verordnet sind 200 Stück. Das ist ein Vielfaches der Nmax. 2 mal 100 dürfen abgegeben werden.
(Früher musste der Arzt in diesem Fall ein Sonderzeichen wie z.B. ein Ausrufezeichen hinter der Verordnung anbringen. Und: Der Kunde muss die Zuzahlung zweimal leisten, da er zwei Packungen erhalten hat.)

Verordnet sei:
Formoterol XY Easyhaler 1 St N2 120 ED
In der PackungsV Anlage 6 heißt es: Ausgewählte Arzneimittelgruppe: Formoterol: Dosieraerosole und Pulverinhalatoren (Angaben in Einzeldosen);
N1: 48 – 72 | N2: 99 – 121 | N3: 171 – 180
Die Einordnung als N2 und die Angabe der 120 ED stimmen also überein.
Frage: Könnte zu Lasten der GKV auf Rezept eine Doppelpackung mit 240 ED abgegeben werden?
Die Anzahl der ED beträgt dann 240 und liegt über der Nmax und 240 ist kein Vielfaches der Nmax = 180. Also ist die Abgabe nicht zulässig – außer im Rahmen des Sprechstundenbedarfs.
Möglich wäre es, dass der Arzt ohne Nennung einer Stückzahl 2 Packungen N2 verordnet. Eine solche Mehrfachverordnung – ohne Nennung irgendeiner

Stückzahl – ist erlaubt. Dies gilt auch für den Fall, dass die Doppelpackung günstiger wäre als zweimal die N2!

Die Vorschrift zur Nmax gilt nicht für den Sprechstundenbedarf.

Sollte ein AM-ähnliches MedP wie z.B. ein Macrogol-haltiges Laxans verordnet sein, dann wird die PackungsV darauf nicht angewendet. Somit gibt es keine Nmax.

2.3 Die Beachtung des N-Bereichs

Hier sind zwei Fälle zu unterscheiden:

2.3.1 Die N-Verordnung

Eventuell muss das verordnete AM ausgetauscht werden, z.B. wegen eines bestehenden Rabattvertrages. Um einen Austausch leichter zu ermöglichen, wurde die PackungsV entsprechend gefasst. Hinsichtlich der Packungsgröße als austauschbar bzw. als identisch gelten AM, wenn sie die gleiche N-Bezeichnung tragen. Da sich hinter einer N-Bezeichnung immer eine Spanne – z.B. von 8 bis 12 oder von 45 bis 55 – verbirgt, sind austauschbare AM hinsichtlich der enthaltenen Stückzahl oder Menge nicht unbedingt identisch.

Im Rahmenvertrag steht:
Ist bei einer Verordnung eine N-Bezeichnung angegeben, stehen alle Packungen aus diesem N-Bereich zur Auswahl.

Verordnet ist: MCP Tr N1
Der N1-Bereich erstreckt sich laut PackungsV von 20 ml bis 30 ml. Also kann eine Verordnung über MCP-Tropfen N1 sowohl durch ein Rabatt-AM mit 20 ml als

auch ein Rabatt-AM mit 30 ml beliefert werden; beide Packungsgrößen sind austauschbar.

Bei Omeprazol sei der Bereich N2 definiert von 50 bis 61 Stück, der Bereich N3 von 95 bis 100 Stück. Packungen mit 50, 56 oder mit 61 Stück gelten ebenso als identisch wie solche mit 98 oder 100 Stück.

Für den Fall, dass eine große N-Packung nicht in Vertrieb ist, kann ein Vielfaches der Packung mit der nächstkleineren Messzahl abgegeben werden, jedoch nicht mehr als die verordnete Menge.

2.3.2 Die Mengen- oder Stückzahlverordnung innerhalb eines N-Bereichs

Ein AM darf auch ohne Angabe eines N-Kennzeichens verordnet werden, und zwar unter Angabe der Stückzahl oder Menge in g bzw. ml.

Im Rahmenvertrag steht:
Entspricht die nur nach Stückzahl verordnete Menge einem N-Bereich, stehen alle Packungen aus diesem N-Bereich zur Auswahl.

Es muss bei einer reinen Mengen- oder Stückzahlverordnung zunächst überprüft werden, ob sich die verordnete Menge in Stückzahl, Milliliter oder Gramm einem durch die PackungsV definierten N-Bereich zuordnen lässt.

Möglichkeit 1 einer Stückzahlverordnung: Die verordnete Menge ist einem N-Bereich zuzuordnen.

Beispiel: Es sind 14 Tabl. verordnet.
Die entsprechenden Normbereiche lauten:

N1: 10 – 14 - N2: 20 – 24 - N3: 29 – 30
Dann kann gegen ein AM mit 10 Tabl. ausgetauscht werden.

(Anmerkung: Bei der Austauschpflicht gegen ein Rabatt-AM könnten allerdings pharmazeutische Bedenken ins Spiel kommen, wenn bekannt ist, dass die verkürzte Akutbehandlung medizinisch problematisch ist, z.B. bei einem Antibiotikum.)

Falls 20 Tabl. verordnet wären, und die N2 des Rabatt-AM 24 Tabl. enthält, so müsste ausgetauscht werden, da die Packungsgrößen als identisch gelten. Falls es mehrere Rabatt-AM als N2 mit unterschiedlichen Stückzahlen gibt, dann kann man darunter frei wählen.

(Tauchen bei einem verschreibungspflichtigen AM Probleme hinsichtlich der AMVV auf, weil ja eine größere Menge als verordnet abgegeben wird? Nein, man hat die AMVV inzwischen auf die Gegebenheiten des SGB angepasst. Allerdings könnten Lieferverträge weitere Forderungen stellen, falls es sich um Nicht-Rabatt-AM handelt. Etwa so: Falls in einem N-Bereich unterschiedliche Packungsgrößen im Handel sind, ist die kleinste davon abzugeben.)

Anders ist die Situation bei einem BtM. Laut BtmVV muss die Stückzahl genau angegeben und beachtet werden.

2.3.3 Die Mengen- oder Stückzahlverordnung außerhalt eines N-Bereichs

Möglichkeit 2 einer Stückzahlverordnung: Die verordnete Menge ist keinem N-Bereich zuzuordnen.

Im Rahmenvertrag steht:
Entspricht die nur nach Stückzahl verordnete Menge keinem N-Bereich, stehen ausschließlich Packungen mit der identischen Stückzahl zur Auswahl.

Ein FAM nach dem Beispiel unter Möglichkeit 1 könnte mit 16 Stück im Handel sein; die Packung könnte abgegeben werden.

2.4 Nicht eindeutige Verordnungen

Folgende Situationen sind gemäß Rahmenvertag nicht eindeutig und erfordern eine Rücksprache mit dem Arzt:
- Entspricht die nach Stückzahl oder unter einer N-Bezeichnung verordnete Menge keiner im Preis- und Produktverzeichnis befindlichen Packung, handelt es sich um ein nicht eindeutig bestimmtes Arzneimittel.
- Widersprechen sich die verordnete Stückzahl und der N-Bereich, handelt es sich um ein nicht eindeutig bestimmtes Arzneimittel.

Übrigens: Die Abgabe eines Teils einer Normgrößenpackung („Auseinzelung") ist üblicherweise nicht zulässig. Sie könnte ausnahmsweise auf der Basis einer besonderen Vereinbarung (auch in Hinblick auf den Preis) infrage kommen.

2.5 Verordnung von nicht rp AM oder Nicht-AM

Grundsätzlich gilt die PackungsV unabhängig vom Verschreibungsstatus; sie gilt also auch für OTC-AM. Damit gilt auch das Verbot von Jumbopackungen. Allerdings greift bei nicht verschreibungspflichtigen AM die AMVV nicht. Arzneimittelrechtlich könnte also eine größere Menge als die verordnete abgegeben werden.

Im Rahmenvertrag gibt es für nicht rp AM keine besonderen Regelungen. Ausnahme: Abgabe in der Akutversorgung (siehe unten).

Bei manchen ASten gibt es sowohl verschreibungspflichtige als auch verschreibungsfreie Packungen. Es gilt laut Rahmenvertrag: Zwischen Fertigarzneimitteln, die sich hinsichtlich der Verschreibungspflicht unterscheiden, ist ein Austausch nicht zulässig.
Somit ist der Vergleich von N-Bereichen bei vom Arzt verordneten (vermutlich) rp AM mit nicht rp AM nicht angebracht.

Beispiel: Bei Omeprazol 20 mg gibt es verschreibungsfreie Präparate bis zu 14 Stück pro Packung, entsprechend einer 14-tägigen Behandlung in Selbstmedikation. Diese Packungen müssen in die Auswahl nicht einbezogen werden, sie wären als OTC-AM auch nicht erstattungsfähig.

Außerdem gilt: Ein Austausch von Medizinprodukt und Arzneimittel gegeneinander ist nicht zulässig.

Die PackungsV gilt nur für AM! Also werden z.B. MedP nicht mit N-Bereichen versehen. Ebenso gibt es dafür keine Nmax.

2.6 Sonderregelungen für die Akutversorgung

Der Rahmenvertrag trifft in § 17 Sonderregelungen für den dringenden Fall (Akutversorgung, Notdienst). Dort steht:

Macht ein dringender Fall die unverzügliche Abgabe eines Fertigarzneimittels erforderlich und ist eine Rücksprache mit dem verordnenden Arzt nicht möglich, gilt:

1. … (*zunächst gelten die üblichen Regeln zur Auswahl bzw. zum Ersatz von verordneten AM*)

2. Widersprechen sich die verordnete Stückzahl und die verordnete N-Bezeichnung, gilt die Stückzahl.

3. Bei Verordnung eines Fertigarzneimittels ohne Angabe einer N-Bezeichnung sowie ohne Angabe der Stückzahl hat die Apotheke die kleinste vorrätige Packung abzugeben, jedoch nicht mehr als die mit dem kleinsten Packungsgrößenkennzeichen gemäß der PackungsV in Vertrieb befindliche Packung.

4. 1 Ist bei einer Verordnung nur unter Angabe der N-Bezeichnung keine Packung, die dem verordneten N-Bereich entspricht, vorrätig oder ist diese N-Bezeichnung nicht in der PackungsV definiert, ist eine Packung aus dem nächstkleineren N-Bereich abzugeben. 2 Ist auch diese nicht vorrätig, ist die kleinste normierte Packung abzugeben. 3 Falls auch eine solche Packung nicht vorrätig ist, ist die kleinste vorrätige Packung abzugeben, jedoch nicht mehr als die nach Satz 1 bestimmte abgabefähige Packung.

5. Ist eine nach Stückzahl verordnete Packung nicht vorrätig, so ist die nächstkleinere, vorrätige Packung abzugeben.

6. Bei nicht verschreibungspflichtigen Fertigarzneimitteln ist die der verordneten Menge nächstliegende Packungsgröße abzugeben, sofern die verordnete Packungsgröße nicht vorrätig ist.

7. 1 Überschreitet die nach Stückzahl verordnete Menge die größte für das Fertigarzneimittel festgelegte Messzahl, ist nur die nach der

geltenden PackungsV aufgrund der Messzahl bestimmte größte Packung, ein Vielfaches dieser Packung, jedoch nicht mehr als die verordnete Menge abzugeben oder die der verordneten Menge nächstliegende kleinere vorrätige Packungsgröße.

3. Probleme und Beispiele zur Einordnung in die PackungsV

3.1 Aussagen des Rahmenvertrags

Nachdem ASte unter verschiedenen Anwendungsgebieten zum Einsatz kommen können, kann es sein, dass allein die Kenntnis des ASt nicht immer zu einer eindeutigen Zuordnung des N-Bereichs führt. Falls ein AM mit einem ASt verordnet ist, und dieses AM soll ausgetauscht werden, dann ist unter dem Aspekt der Packungsgröße die Zuordnung eines N-Bereichs nötig.

Beispiel: Ibuprofen.
Ibuprofen kann sowohl als Analgetikum als auch als Antirheumatikum eingeordnet werden. (Diese Zuordnung für das konkrete AM hat der pharmazeutische Unternehmer bei seiner Meldung für den Artikelstamm getroffen.)
In der PackungsV ist zu lesen:
Ausgewählte Arzneimittelgruppe: Analgetika: abgeteilte orale Darreichungsformen (Angaben in St.)
N1: 8 – 12 | N2: 27 – 33 | N3: 48 – 50
Und:
Ausgewählte Arzneimittelgruppe: Antirheumatika: abgeteilte orale Darreichungsformen (Angaben in St.)
N1: 16 – 24 | N2: 45 – 50 | N3: 95 – 100
Somit kann eine N1 mit Ibuprofen sowohl 10 als auch 20 Stück enthalten.

Die PackungsV fordert Eindeutigkeit. Dort steht:

§ 18 Sonderfälle aufgrund besonderer Abgabekonstellationen
Beim Austausch von Fertigarzneimitteln, deren Stückzahl aufgrund unterschiedlicher Positionen in der PackungsV mehr als einer N-Bezeichnung zugeordnet werden kann, ist … nur der N-Bereich maßgebend, der zu der verordneten PZN im Preis- und Produktverzeichnis angegeben ist.
Eine Wirkstoffverordnung ist in solchen Fällen dann eine unklare Verordnung, wenn nicht sowohl Stückzahl als auch eine zugehörige N-Bezeichnung angegeben werden.

Man muss wissen, dass und warum es unklare Fälle geben kann, die nur durch die Angabe einer Stückzahl und eventuell eines N-Bereichs lösbar sind.

3.2 Beispiele zur Einordnung in die PackungsV

Zum Thema Zuordnung einer Packung zu einem N-Bereich gemäß PackungsV sehen wir uns im Folgenden einige Beispiele an.

3.2.1 Einordnung nach Wirkstoff
Anlage 1: Abgeteilte ...
Verordnet ist: A® 50 St Tabl.
 Diese Packung ist jedoch nicht im Handel, stattdessen gibt es A® zu 45 Stück. Darf diese Packung abgegeben werden?
A® enthält den Wirkstoff A. Man sucht im ersten Schritt nach diesem Wirkstoff. Und man wird fündig:
Ausgewählter Wirkstoff: A:
abgeteilte Darreichungsformen (Angaben in Stück)
N1: 11 – 12 | N2: 45 – 55 | N3:   95 – 100
Die Packung mit 45 Stück liegt im gleichen N-Bereich wie die verordnete. Also gilt die Packung als identisch und kann abgegeben werden.

3.2.2 Einordnung nach AM-Gruppe

Die Suche nach einem Wirkstoff ist manchmal nicht möglich, da der Wirkstoff nicht in der PackungsV angeführt ist.

Verordnet ist H® 2 x 120 ml (Es handelt sich um ein Antihypertonikum mit dem Wirkstoff H.)
Wir sehen nach in Anlage 2: Nicht abgeteilte Darreichungsformen zur oralen Anwendung. Der Wirkstoff H ist in der PackungsV nicht angeführt. Alternativ müssen wir unter der Arzneimittelgruppe Antihypertonika die N-Bereiche suchen.

3.2.3 Einordnung nach Darreichungsform

Beispiel zu Anlage 4: Abgeteilte Darreichungsformen zur Injektion
Einordnung einer Packung B® zu 12 Fertigspritzen. B® enthält als Wirkstoff ein Hypothalamushormon, das nicht als einzelner Wirkstoff in der PackungsV gelistet ist. Wir sehen nach in Anlage 4: Abgeteilte Darreichungsformen zur Injektion. Wir finden dort:
Ausgewählte Arzneimittelgruppe: Hypophysen- Hypothalamushormone: abgeteilte Darreichungsformen zur Injektion (Angaben in St.)
N1: 4 – 5 | N2: 9 – 11 | N3: 29 – 30
Die B®-Packung mit 12 St. Ist keine Normgröße, sie liegt aber unterhalb von Nmax, sie dürfte abgegeben werden.

Einzuordnen ist ein Penicillin-Saft 3 x 100 ml.
In der PackungsV Anlage 2 heißt es: Ausgewählte Arzneimittelgruppe: Phenoxymethylpenicillin: nicht abgeteilte Darreichungsformen, orale Anwendung (Angaben in ml);
Einzeldosis bis 3 ml
N1: 12 – 18 | N2: 27 – 33 | N3: 36 – 38
Einzeldosis bis 5 ml (Teelöffel)
N1: 80 – 120 | N2: 225 – 275 | N3: -
Einzeldosis bis 20 ml (Esslöffel)
N1: 200 – 300 | N2: 450 – 550 | N3: -

Es wird die Einzeldosis bei der N-Zuordnung berücksichtigt. Falls die ED z.B. 8, 10 oder 20 ml beträgt, dann wären 300 ml = N1. Bei einer aufgrund des Körpergewichts bestimmten ED von 5 ml läge die Packung mit 300 ml über der Nmax.

3.2.4 Einordnung nach Zyklen

In der PackungsV gibt es auch eine Einteilung nach Zyklen, die insbesondere bei Geschlechtshormonen wie Estrogenen und Gestagenen von Bedeutung ist. Beispiele:

P® 28 comp 84 St. (P® enthält ein Estrogen und ein Gestagen)
In der PackungsV Anlage 1 heißt es: Ausgewählte Arzneimittelgruppe: Estrogene und Gestagene: abgeteilte orale Darreichungsformen (Angaben in St.)
N1: 24 – 36 | N2: 54 – 66 | N3: 95 – 100
N1 entspricht 1 Zyklus, N2 entspricht 3 Zyklen, N3 entspricht 6 Zyklen
Die Packung zu 84 Stück liegt unter Nmax. Die Packung zu 3 Zyklen könnte auch als N2 gekennzeichnet werden.

Ein Estrogenpflaster wird einmal pro Woche angewendet.
In der PackungsV Anlage 5: Dermatika und Topika zur lokalen und systemischen Anwendung heißt es: Ausgewählte Arzneimittelgruppe: Sexualhormone, Pflaster ... : zur lokalen und systemischen Anwendung (Angaben in Zyklen)
N1: 1 – 1 | N2: 3 – 3 | N3: -
Das bedeutet, dass die N1 4 Pflaster und die N2 12 Pflaster enthält. Eine Packung mit 16 Pflastern könnte keinem N-Bereich zugeordnet werden. Sie überstiege zudem die Nmax.

Abschnitt 9
Importarzneimittel

1. Re-, Parallel- und Einzelimporte

Laut Rahmenvertrag gehören ein "Original" und seine Importe zum sogenannten importrelevanten Markt. Wir sollten zunächst die entsprechenden Begriffe klären.

Viele Pharmaunternehmen agieren weltweit. Ihre Präparate werden in mehreren Ländern zur Zulassung gebracht und in irgendeinem Land hergestellt. In Europa müssen die AM-Zulassungen im Prinzip für jeden Staat ausgesprochen werden, auch wenn oft ein zentrales europäisches Zulassungsverfahren vorausgeht.

Reimport
Ein Pharmaunternehmen hält für das FAM X eine Zulassung in Deutschland und produziert dieses AM in Deutschland. Es erhält auch eine Zulassung dafür z.B. in Griechenland und exportiert dieses FAM dorthin. In einem Europa des freien Warenhandels erhält ein anderer Unternehmer, der das FAM in Griechenland kauft und nach Deutschland reimportieren will, auf vereinfachtem Weg eine Zulassung für den Vertrieb in Deutschland – sofern er die

hier geltenden Vorschriften zur Packungskennzeichnung und Packungsbeilage (in deutscher Sprache) einhält.

Parallelimport

Ein Pharmaunternehmen hält für das FAM Y eine Zulassung in vielen europäischen Staaten. Es produziert dieses FAM z.B. in Frankreich. Von Frankreich wird das AM auch nach Deutschland „verbracht" (oder „exportiert") und in den Handel gebracht. Ein anderer Unternehmer, der das AM in Frankreich kauft und nach Deutschland „parallel" importieren will, erhält (aufgrund des gewünschten freien Warenverkehrs innerhalb der EU) in Deutschland ebenfalls eine Zulassung – sofern er die in Deutschland geltenden Vorschriften zur Packungskennzeichnung und Packungsbeilage einhält.

Sowohl bei Reimporten als auch bei Parallelimporten handelt es sich letztlich um in Deutschland zugelassene FAM, die im Artikelstamm der ABDA mit eigenen PZNs gelistet sind. Als in Deutschland verantwortlicher Unternehmer fungiert der jeweilige Importeur.

Zwischen Re- und Parallelimport wird im Rahmenvertrag nicht unterschieden. Sowohl der Reimport als auch der Parallelimport **gelten mit dem „Original" in Deutschland als identisch**, wenn es mit gleichem ASt und in gleicher Dosierung und in vergleichbarer Darreichungsform in den Handel kommt - auch wenn es eventuell in der Hilfsstoffzusammensetzung Unterschiede aufweist. Das bedeutet auch: Ein Kreuz im aut idem-Feld kann den Austausch durch einen Import nicht verhindern.

Theoretisch könnte es auch bei Generika Importe geben. Aufgrund der niedrigen Preise erscheint die erzielbare Spanne bei einem solchen Import normalerweise als zu gering. Also gibt es Importe

üblicherweise nicht bei generisch bezeichneten, sondern nur bei „Originalen" bzw. AM mit einer „Marke"/einem Warenzeichen.

Einzelimport nach § 73 AMG

Der Einzelimport nach AMG ist etwas ganz Anderes. Er gilt nicht als Import im Sinne des Rahmenvertrages. Ein solches AM ist nicht unter Bezug auf ein in Deutschland im Handel befindliches AM zugelassen ist; es ist in Deutschland überhaupt nicht zugelassen. Auf der Basis des § 73 AMG dürfen Apotheken solche nicht zugelassenen AM ausnahmsweise im Einzelfall nach Deutschland importieren. Ein Einzelimport ist deshalb im ABDA-Artikelstamm nicht gelistet und er hat keine PZN. Ein solches AM darf nicht im Voraus in Erwartung von Umsätzen importiert und auf Lager gelegt werden.

Aus Sicht einer Apotheke ist die grundsätzliche Frage zu stellen, wann ein solcher Import rechtmäßig ist. Dies ist nicht gegeben, wenn
- die Verkehrsfähigkeit bzw. die Zulassung des AM in Deutschland ruht oder zurückgenommen wurde,
- ein AM mit identischem Wirkstoff und vergleichbarer Wirkstärke im Handel ist. (Genau das ist bei Re- und Parallelimporten der Fall!)

Je nach Liefervertrag sind Einzelimporte mit oder eventuell auch ohne vorherige Genehmigung durch die KK erstattungsfähig. Eine Genehmigung ist immer durch den Versicherten (mit seinem Arzt) bei seiner KK im Voraus zu beantragen.

Im Rahmenvertrag steht:

(7) Importarzneimittel: 1 Importarzneimittel im Sinne dieses Rahmenvertrages sind Parallel- oder Reimportfertigarzneimittel, die nach dem Arzneimittelgesetz (AMG) unter Bezugnahme auf ein deutsches Referenzarzneimittel zugelassen sind oder bei EU-Zulassungen sich im Parallelvertrieb zu

diesem oder einem namensverschiedenen, aber ansonsten mit diesem identischen Referenzarzneimittel desselben Zulassungsinhabers befinden und die nach § 131 Absatz 4 SGB V gemeldet und entsprechend in den Preis- und Produktinformationen gemäß diesem Rahmenvertrag angegeben sind und die mit dem Referenzarzneimittel im Wesentlichen identisch sind.

2 Unwesentliche Abweichungen zum Referenzarzneimittel können den Produktnamen, eine therapeutisch vergleichbare Darreichungsform oder eine nach Menge verschiedene, aber in den gleichen N-Bereich fallende Menge betreffen.

3 Die zugelassenen Anwendungsgebiete des Importarzneimittels entsprechen denen des Referenzarzneimittels.

4 Importarzneimittel und ihre Referenzarzneimittel bzw. die entsprechenden Importarzneimittel untereinander gelten als identische Arzneimittel.

2. Abgabe und Austausch
2.1 Der importrelevante Markt

Falls kein Rabattvertrag Vorrang genießt, muss zwischen dem importrelevanten und dem generischen Markt unterschieden werden. Im importrelevanten Markt bewegt man sich, wenn
- ein Originalpräparat mit aut idem-Kreuz verordnet ist,
- ein AM verordnet ist, zu dem es keine Alternativen gibt außer Importarzneimitteln oder Parallel-AM (im Mit- oder Covertrieb),
- ein AM verordnet ist, welches unter den Substitutionsausschluss fällt.

Verordnungen, für die austauschbare „inländische" AM zur Verfügung stehen, fallen unter den generischen Markt.

Achtung: Seit 2020 werden bei biotechnologisch hergestellten AM und Krebsmitteln die Regeln für den Austausch durch Import-AM nicht mehr angewendet.

2.2 Der preisgünstige Import

Man muss „preisgünstige" von sonstigen Import-AM unterscheiden. Gemäß Definition des Rahmenvertrags gilt ein Import-AM als preisgünstig, wenn es zum Original- bzw. Referenz-AM folgende Preisabstände erreicht:

Abgabepreis	bis 100 €	mindestens 15 % günstiger
	über 100 bis 300 €	mindestens 15 € günstiger
	über 300 €	mindestens 5 % günstiger

Achtung: Der Abgabepreis errechnet sich aus Apotheken-VK abzüglich gesetzlicher Rabatte. Dieser Preis wird in der Apotheken-EDV gesondert dargestellt. Zum Preisvergleich werden nur Importe mit identischer Füllmenge/Stückzahl herangezogen.

2.3 Das Einsparziel

Jede Apotheke ist verpflichtet, für jede KK innerhalb von sechs Monaten eine Einsparung von 2 % zu erzielen.

Berechnung des Einsparziels:
Man geht vom theoretischen Umsatz mit einer KK im Segment der preisgünstigen Importe aus, wenn immer das Original abgegeben würde. (In diesen theoretischen Umsatz gehen nicht mit ein: Rabatt-AM; es sind keine preisgünstigen Import-AM als Alternative zum Referenz-AM im Handel oder sie sind nicht lieferbar; preisgünstige Import-AM waren nicht vorrätig bei der Versorgung im dringenden Fall; es wurden pharmazeutische Bedenken gegen den Austausch

durch ein preisgünstiges Import-AM angemeldet. Achtung: Einige dieser Situationen sind durch eine Sonder-PZN auf dem Rezept zu dokumentieren.)

Bei Unterschreitung des Einsparziels wird ein entsprechender Betrag von der KK einbehalten – der Malus. Bei Übererfüllung wird der Betrag gutgeschrieben und in die Zukunft übertragen – der Bonus.

Beispiel: Die Apotheke hätte mit einer KK X einen theoretischen Umsatz von 20 000 € im Segment der preisgünstigen Importe innerhalb eines halben Jahres. Durch die Abgabe von preisgünstigen Import-AM beträgt der Umsatz nur 19 500 €. Es wurden 500 von 20 000 € eingespart, das entspricht 2,5 %. Die 100 € Übererfüllung werden als Bonus auf den folgenden Abrechnungszeitraum übertragen.

2.4 Die Abgaberangfolge

Sofern feststeht, dass kein Rabatt-AM abzugeben ist, muss also zunächst entschieden werden, ob man sich im generischen oder im importrelevanten Markt bewegt. Achtung: Ein aut idem-Kreuz schließt den Austausch gegen ein Import-AM nicht aus; beide AM werden als identisch angesehen.

Im generischen Markt muss ein preisgünstiges AM abgegeben werden.

Im importrelevanten Markt könnte grundsätzlich das Original, ein Import-AM oder ein preisgünstiges Import-AM abgegeben werden. Einschränkungen:

1. Mit der Verordnung eines bestimmten AM setzt der Arzt einen Preisanker, der nicht überschritten werden darf. Unterhalb bzw. bis zum Preisanker muss eines der vier preisgünstigsten AM abgegeben werden.

2. Falls es preisgünstige Import-AM gibt, so muss die Apotheke das Einsparziel im Auge haben. Sie muss im konkreten Fall nicht unbedingt ein preisgünstiges AM abgeben – sofern es die Verpflichtung zur wirtschaftlichen AM-Auswahl gemäß 1. einhält. Außerdem könnte später die Malus-Regelung bei Nichterreichen des Einsparziels greifen.

2.5 Abweichungen von der Abgaberangfolge

Folgende Fälle werden aus dem importrelevanten Markt „herausgerechnet":
1. Die Abgabe eines Rabatt-AM hat Vorrang.
2. Es sind keine preisgünstigen Import-AM als Alternative zum Referenz-AM im Handel.
3. Preisgünstige Import-AM sind nicht lieferbar.
4. Preisgünstige Import-AM sind bei der Versorgung im dringenden Fall nicht vorrätig.
5. Es werden pharmazeutische Bedenken gegen den Austausch durch ein preisgünstiges Import-AM angemeldet.
Die Situationen 3., 4. und 5. müssen durch eine Sonder-PZN auf dem Rezept dokumentiert werden.

2.6 Sonderfall Mehrfach-, Mit- oder Covertrieb

Hin und wieder werden patentgeschützte Originale über eine Lizenzvergabe im Co-, Mit- oder Mehrfachvertrieb vermarktet. Der „Originalhersteller" erwartet sich dadurch eine schnellere und bessere Marktdurchdringung. Von solchen AM gibt es möglicherweise Importe, aber es gibt noch keine Generika. Trotzdem existiert bei der Verordnung des einen mindestens ein Alternativpräparat.

Im Rahmenvertrag steht:

Mehrfachvertrieb und Parallelarzneimittel
Mehrfachvertrieb im Sinne dieses Rahmenvertrages liegt dann vor, wenn ein patentgeschützter Wirkstoff durch einen oder mehrere pharmazeutische Unternehmer unter verschiedenen Handelsnamen vertrieben wird, ohne dass diese Arzneimittel die Voraussetzungen für eine Klassifikation als Importarzneimittel erfüllen.
Arzneimittel, die im Mehrfachvertrieb vertrieben werden und die Kriterien nach § 9 Absatz 3 erfüllen *(das sind die Austauschkriterien bei Rabatt-AM wie z.B. gleicher Wirkstoff usw.)*, werden in diesem Rahmenvertrag als Parallelarzneimittel bezeichnet.

Der Auswahlbereich für die Abgabe umfasst im Fall des Mehrfachvertriebs das verordnete Fertigarzneimittel, das oder die Parallelarzneimittel und alle zugehörigen Importarzneimittel. Es muss jedoch wirtschaftlich beliefert werden. Der Rahmenvertrag gibt vor:
Bei Arzneimitteln, die sich im Mehrfachvertrieb befinden, ist … nur jeweils das preisgünstigste der Parallelarzneimittel oder ein Importarzneimittel zum verordneten Arzneimittel oder dem Parallelarzneimittel abgabefähig, falls dieses nicht teurer als das preisgünstigste Parallelarzneimittel ist.

Abschnitt 10
Verordnung von Nicht-Arzneimitteln: Medizinprodukte, Verbandmittel, Teststreifen und Lebensmitteln bzw. Diätetika

1. Arten von MedP

MedP erreichen ihren therapeutischen Zweck auf physikalischem Weg. MedP müssen nicht zugelassen werden, sie werden von autorisierten Stellen zertifiziert und tragen ein CE-Kennzeichen aber keine Zul.-Nr. Nur ganz wenige MedP sind der Verschreibungspflicht unterstellt.

Man kann eine Gruppe der **gegenständlichen MedP** bilden, die medizinisch-therapeutischen oder diagnostischen Zwecken dienen. Darunter fallen Verbandmittel, elastische Binden, Spritzen, Implantate, Herzschrittmacher oder Rollstühle sein.

Daneben gibt es **stoffliche MedP**, die nicht nur in ihrer Aufmachung AM ähneln. Ihre Hauptwirkung erfolgt auf physikalischem oder physikochemischem Weg und nicht auf pharmakologischem, immunologischem oder metabolischem. Diese Abgrenzung leuchtet oft nicht auf den ersten Blick ein. Durch sie entfällt jedoch die Pflicht zur Zulassung nach AM-Recht, die mit

einem sehr hohen Aufwand verbunden ist. Aus diesem Grund nimmt die Anzahl der arzneimittelähnlichen MedP im Bereich OTC immer weiter zu. Zunächst ist der Hersteller verpflichtet, sein Produkt einzuordnen und gemäß geltendem Recht in den Verkehr zu bringen. Hin und wieder kommt es vor, dass die vom Hersteller getroffene Einordnung als MedP (oder auch als NEM oder Diätetikum) später von Gerichten hinterfragt und entschieden wird.

Typische Beispiele für arzneimittelähnliche MedP in Apotheken sind physikalisch wirkende Laxanzien (osmotisch oder volumenvergrößernd wirkend), salinische Nasentropfen (ebenfalls osmotisch wirkend), physikalisch wirkende Läusemittel oder viskositätserhöhende Augentropfen.

2. Die Erstattungsfähigkeit von MedP

Für die Erstattungsfähigkeit bzw. die Abgabemodalitäten in der Apotheke sei an die Formulierung im SGB erinnert. Demnach hat der gesetzlich Krankenversicherte „Anspruch auf Versorgung mit apothekenpflichtigen Arzneimitteln, soweit die Arzneimittel nicht nach ... ausgeschlossen sind, und auf Versorgung mit Verbandmitteln, Harn- und Blutteststreifen." MedP sind demnach nur unter Bedingungen verordnungsfähig.

Zum Thema Erstattungsfähigkeit bzw. Abgabemodalitäten in der Apotheke ist folgende Einteilung hilfreich. Die Einordnung eines konkreten Produkts in eine dieser Gruppen ist in der Apotheken-EDV ersichtlich.

I. MedP mit Arzneicharakter ("stoffliche MedP")	Nur erstattungsfähig, wenn in Anlage V der AM-RL namentlich aufgeführt
II. Verbandstoffe	Grundsätzlich laut SGB V erstattungsfähig
III. Teststreifen	Grundsätzlich laut SGB V erstattungsfähig
IV. Hilfsmittel	Erstattungsfähig, wenn im Hilfsmittelverzeichnis aufgeführt plus Vorliegen eines gültigen, zweiseitigen Lieferabkommens; Ausnahmen sind möglich

Verwirrend könnte sein, dass alle genannten vier Gruppen üblicherweise als MedP einzustufen sind. Nur die erste Gruppe ist arzneimittelähnlich. Die anderen Gruppen könnten als gegenständliche Mittel bezeichnet werden.

3. Die Verordnung von arzneimittelähnlichen MedP

MedP, die keine Verbandmittel, Teststreifen oder HilfsM sind, fallen also nur ausnahmsweise ins Leistungsspektrum der GKV. Dies ist im Übrigen nicht an eine eventuelle Verschreibungspflicht gekoppelt.

Die Erstattungsfähigkeit der arzneimittelähnlichen MedP ist folgendermaßen geregelt. Der G-BA beurteilt die konkreten Handelsprodukte und erstellt eine Liste. Sofern das konkret verordnete MedP in Anlage V der AM-RL des G-BA aufgeführt ist, ist es verordnungs- und erstattungsfähig. (Andersherum gilt: Verbandstoffe oder Teststreifen sind nicht in die Anlage V aufgenommen, wie auch verordnungsfähige Hilfsmittel, da ihre Verordnungsfähigkeit auf einer anderen Grundlage beruht.)

Die Verordnungsfähigkeit kann an eine Diagnose bzw. Indikation geknüpft sein. Die Diagnose sollte der Arzt nicht auf dem Rezept vermerken. Die Apotheke kann und muss die Zulässigkeit der Verordnung nicht prüfen. Sollte der Arzt jedoch eine Diagnose vermerkt haben, so kommt die Apotheke in die Pflicht – ähnlich wie bei den OTC-AM. Sie muss jetzt nachsehen, ob die Angaben in Anlage V mit der angegebenen Diagnose übereinstimmen.

Nachdem MedP keine AM sind, sind auf MedP die folgenden Regelungen nicht anzuwenden:
- die AM-Preisverordnung, also müssen feste Abgabe- bzw. Vertragspreise existieren (Ausnahme Hilfsmittel: es könnte auch ein Kostenvoranschlag ins Spiel kommen),
- die Rabattverträge mit Austauschpflichten,
- die Packungsgrößenverordnung mit Vorschriften zu N-Größen und sich ergebende Regeln zur Mehrfachverordnung und Stückelung,
- die AM-RL, z.B. mit Abgabevorschriften hinsichtlich preiswerter Präparate oder Importe.
Es gibt bei den MedP mit Arzneicharakter also keine Austauschverpflichtungen. Insbesondere muss bzw. darf ein MedP nicht durch ein Rabatt-AM ausgetauscht werden (das ist z.B. bei Movicol-haltigen Produkten zu bedenken; hier gibt es sowohl MedP als auch AM mit identischem ASt; und nur bei AM gibt es Rabattverträge).
Auch hinsichtlich der Anzahl an Packungen bzw. der Packungsgröße ist exakt nach ärztlicher Verordnung zu verfahren. N-Bereiche oder eine maximale Packungsgröße Nmax greifen bei MedP nicht.

3.1 Die Liste der verordnungsfähigen MedP

Gemäß SGB V sollen in medizinisch notwendigen Fällen auch Medizinprodukte verordnungsfähig sein, allerdings nur ausnahmsweise.

In Anlage V der AM-RL wird dieser Versorgungsanspruch konkretisiert, und zwar auf der Ebene des konkreten Handelsprodukts bzw. Warenzeichens. Es kann sein, dass ein Hersteller zwei ähnlich lautende Warenzeichen im Handel hat, jedoch nur eines davon steht auf Liste der verordnungsfähigen MedP.

Darüber hinaus ist zu bedenken, dass die Aufnahme eines Produkts in die Anlage V üblicherweise mit einer Befristung erfolgt. Nach Ablauf ist das Produkt nicht mehr verordnungsfähig, außer es wird eine neue Frist aufgenommen.

Die entsprechende Tabelle der Anlage V sieht in Auszügen etwa folgendermaßen aus:

Produktbezeichnung	Medizinisch notwendige Fälle	Befristung der Verordnungsfähig keit
1xklysma salinisch	Zur raschen und nachhaltigen Entleerung des Enddarms vor Operationen und diagnostischen Eingriffen; nicht zur Anwendung bei Säuglingen und Kleinkindern.	*hier nicht aufgenommen*
Ampuwa® Spüllösung	Zur Anfeuchtung von Tamponaden und Verbänden, - Zur Atemluftbefeuchtung nur zur Anwendung in	*hier nicht aufgenommen*

	geschlossenen Systemen in medizinisch notwendigen Fällen; jeweils in einer Menge, die ausschließlich für die einmalige Anwendung geeignet ist.	
Dimet®20	Für Kinder bis zum vollendeten 12. Lebensjahr und Jugendliche bis zum vollendeten 18. Lebensjahr mit Entwicklungsstörungen zur physikalischen Behandlung des Kopfhaares bei Kopflausbefall	...
MOVICOL® Junior Schoko	Für Kinder im Alter von 2 bis 11 Jahren zur Behandlung der Obstipation.	...
Nebusal™ 7 %	Zur symptomatischen Inhalationsbehandlung der Mukoviszidose für Patienten ≥ 6 Jahre.	...
VISMED®	Synthetische Tränenflüssigkeit bei Autoimmun-Erkrankungen (Sjögren-Syndrom mit deutlichen Funktionsstörungen [trockenes Auge Grad 2], Epidermolysis bullosa, okuläres Pemphigoid), Fehlen oder Schädigung der Tränendrüse, Fazialisparese oder Lagophtalmus	...
Usw. ...		

4. Die Verordnungsfähigkeit von Verbandmitteln

Verbandmittel sind gemäß SGB V verordnungsfähig. Es stellt sich allerdings die Frage, welcher Vertragspreis in Rechnung gestellt werden kann. Auch bei Verbandstoffen gilt das allgemeine Wirtschaftlichkeitsgebot. Es gilt jedoch keine AMPreisV, Packungsgrößenverordnung oder eine grundsätzliche Austauschpflicht durch preisgünstigste oder Import-Produkte wie bei AM.

Verbandmittel sind als solche in der Taxe gekennzeichnet. Ein fehlender Vertragspreis könnte ein Hinweis darauf ssein, dass die Einordnung als Verbandmittel strittig ist, oder dass die entsprechende KK die Verordnung ausgeschlossen hat.

5. Die Verordnungsfähigkeit von Teststreifen

Teststreifen, also Harn- oder Blutteststreifen sind ebenfalls laut SGB eine Leistung der GKV. Sie sind rechtlich als MedP oder „Geltungsarzneimittel" einzustufen; sie sind aber keine Hilfsmittel! Die Verordnungsfähigkeit kann von der Indikation abhängen, die der Arzt feststellt. (Das entsprechende Messgerät wiederum ist ein HilfsM. Ebenso sind Blutlanzetten HilfsM, und zwar HilfsM zum Verbrauch.)

Teststreifen sind also laut SBG grundsätzlich verordnungsfähig. Es stellen sich darüber hinaus zwei Fragen:

1. Gibt es Ausschlüsse von der Verordnungsfähigkeit?

2. Wie wird das Wirtschaftlichkeitsgebot umgesetzt bzw. wie erfolgt die konkrete Auswahl eines Teststreifens und wie erfolgt die Preisbildung?

Zu 1.

Auf Basis der AM-RL hat der G-BA in der Anlage III Ausschlüsse von der Verordnungsfähigkeit zu Lasten der GKV beschlossen. Beispiel: Patienten mit Diabetes mellitus Typ 2, die nicht mit Insulin behandelt werden, dürfen keine Teststreifen verordnet werden. Eine Ausnahme stellen Patienten mit instabiler Stoffwechsellage dar, die sich bei „interkurrenten Erkrankungen" manifestieren kann. Das könnte beispielsweise im Rahmen einer Blinddarmentzündung, einer Virusgrippe oder eines grippalen Infekts der Fall sein. Auch eine Kortisonbehandlung oder eine Operation könnte den Stoffwechsel entgleisen lassen. In solchen Fällen kann die ausnahmsweise Verordnung einer kleinen Packung (z.B. 50 Teststreifen) angezeigt sein.

In der Apotheke muss und kann bei Vorliegen eines Rezepts über Teststreifen nicht geprüft werden, ob die Voraussetzungen für eine Erstattungsfähigkeit gegeben sind. Der Arzt muss und soll seine Entscheidung auf dem Rezeptblatt weder begründen noch eine Diagnose angeben.

Zu 2.

Auf Teststreifen wird die AMPreisV nicht angewendet; für sie gibt es also keinen allgemein gültigen Abgabepreis. Es gibt bei Testreifen die konkrete, namentliche Verordnung eines „Marken"- Produkts. Daneben gibt es die Möglichkeit der generischen Verordnung. Hier kann es aus technischen Gründen zu Problemen beim Austausch von Teststreifen kommen. Nicht jeder Streifen ist für jedes Gerät geeignet. Somit ist es mitunter schwierig, die gebotene Wirtschaftlichkeit um- bzw. durchzusetzen.

Aus Sicht der KK gibt es verschiedene Möglichkeiten, die Verordnung von Marken und damit die Kosten einzuschränken:
- Bevorzugung von Importen (derzeit bei Teststreifen nicht relevant).
- Abschluss von Rabattverträgen mit Herstellern.
- Empfehlung an die Ärzte, möglichst generisch zu verordnen.
- Einteilung der Teststreifen in Preisklassen und Verpflichtung der

Apotheken, von einer niedrigen Preisklasse eine bestimmte Quote abzugeben (z.B. mindestens 55 % der abgegebenen Testreifen müssen aus der Gruppe der niedrigpreisigen stammen).

Eine Quotenregelung kann in die Lieferverträge mit den KK aufgenommen werden. Sie betrifft dann die Apotheken direkt. In einer solchen Regelung findet man, welche Teststreifen zu den niedrigpreisigen zählen, und welche Quoten zu erfüllen sind.

Allerdings kann die Quotenregelung möglicherweise nur erfüllt werden, wenn Messgeräte ausgetauscht werden. Für den Austausch und die notwendige Beratung kann die KK der Apotheke eine abrechenbare Gebühr in Aussicht stellen.

Durch ein Kreuz im aut idem-Kästchen kann der Arzt wiederum einen Austausch ausschließen. Daran ist die Apotheke gebunden, solche Verordnungen fließen nicht in die Berechnung der Quote ein (Aufdruck einer Sonder-PZN nötig! Plus handschriftliche Begründung „Austauschverbot").

6. Die Verordnungsfähigkeit von Lebensmitteln

Lebensmittel sind grundsätzlich nicht verordnungsfähig, also dürfen auch NEM, z.B. Calcium-haltige nicht auf GKV-Rezept beliefert werden. Es gibt jedoch Ausnahmen:

Nach SGB V § 31 haben die Versicherten Anspruch auf **bilanzierte Diäten zur enteralen Ernährung**, wenn eine diätetische Intervention mit bilanzierten Diäten medizinisch notwendig, zweckmäßig und wirtschaftlich ist. Die Konkretisierung ist wiederum die Aufgabe des G-BA. Er legt in Richtlinien fest, unter welchen Voraussetzungen welche bilanzierten Diäten zur enteralen Ernährung vom Vertragsarzt verordnet werden können und veröffentlicht eine Zusammenstellung der verordnungsfähigen Produkte.

8. Übersicht der verschreibungs- bzw. erstattungsfähigen Produktgruppen

nicht apothekenpflichtige AM	Nicht verordnungsfähig; im Einzelfall verordnungsfähig wie z.B. Fluorid-Präparate
nicht verschreibungspflichtige AM	Nicht verordnungsfähig, aber: OTC-Liste der verordnungsfähigen AM; siehe Anlage I der AM-RL
Lifestyle-AM	Nicht verordnungsfähig siehe SGB V und Anlage II der AM-RL
Bagatell-AM und AM der Negativliste	Nicht verordnungsfähig siehe SGB V und Anlage III der AM-RL
Verbandmittel	Grundsätzlich verordnungsfähig gemäß SGB V; vertraglich vereinbarte Preise
Teststreifen	Grundsätzlich verordnungsfähig gemäß SGB V; vertraglich vereinbarte Preise
„arzneimittelähnliche MedP"	Stark eingeschränkte Verordnungsfähigkeit! Liste der verordnungsfähigen MedP beachten, siehe Anlage V der AM-RL
Diätetika	In besonderen Fällen laut SGB V verordnungsfähig, siehe Regelung des G-BA
Nahrungsergänzungsmittel	Nicht verordnungs- bzw. erstattungsfähig
Hilfsmittel (siehe nächsten Abschnitt)	Grundsätzlich verordnungsfähig gemäß SGB V

Abschnitt 11
Hilfsmittel

Der etwas seltsam anmutende Begriff Hilfsmittel (HilfsM) ist eigentlich nur historisch über die sich wandelnde Sozialgesetzgebung zu verstehen. **HilfsM sollen den Erfolg einer Krankenbehandlung sichern oder eine Behinderung ausgleichen**, sie sind nach heutiger Systematik meistens MedP. Beispiele sind Inkontinenzprodukte, medizinische Geräte wie Blutzuckermessgeräte, Stechhilfen, Milchpumpen und Zubehör, Hör- oder Sehhilfen, orthopädische Produkte. HilfsM können erstattungsfähig sein, und Apotheken können liefer- bzw. abrechnungsberechtigt sein.

Für eine erstattungsfähige Verordnung ist das übliche rosa GKV-Rezeptformular (Muster 16) erforderlich. Für die Verordnung von HilfsM ist ein elektronisches Rezept ab ca. 2026 vorgesehen. Es ist auf dem rosa Rezept rechts oben das Statusfeld 7 anzukreuzen. Für HilfsM gibt es kein dem einzelnen Arzt zuzurechnendes „(Arzneimittel-)Budget". Aus Gründen der buchhalterischen Zurechnung dürfen HilfsM und AM nicht gemeinsam auf einem Rezept stehen (Verbot der Mischverordnung).

Gemeinsam verordnet werden können AM, Verbandstoffe, MedP oder Teststreifen. (Gemäß Liefervertrag gilt dies auch für die HilfsM-Verordnung zu Lasten der BG.)

Dürfen Insulin-Fertigspritzen, Blutzuckerteststreifen und Verbandmull gemeinsam auf einem Rezept verordnet werden?
Ja, da es sich um AM, Teststreifen und um einen Verbandstoff handelt. Es ist keine „Mischverordnung", die ein HilfsM enthält. Auch die Kombination eines AM mit einem verordnungsfähigen Diätetikum wäre theoretisch auf einer Verordnung möglich.

1. Das Hilfsmittelverzeichnis

Einen hohen Stellenwert im System der Versorgung mit HilfsM besitzt das Hilfsmittelverzeichnis. Das offizielle, gemäß SGB zu erstellende Hilfsmittelverzeichnis enthält alle HilfsM, die erstattungsfähig sind. Das HilfsM-Verzeichnis gibt dem sehr unübersichtlichen HilfsM-Markt eine Struktur. Jedem dort gelisteten HilfsM wird eine 10stellige Positionsnummer (HiMi-Nr.) zugewiesen. Die ersten beiden Ziffern stehen für die Produktgruppe, es folgen zwei Ziffern für den Anwendungsort, zwei Ziffern für die Untergruppe und eine Ziffer für die Produktart. Die letzten drei Ziffern stehen für das Einzelprodukt und den Hersteller. Der Arzt sollte die ersten 7 Ziffern verordnen, und der Leistungserbringer wählt auf der Basis von Lieferverträgen das konkrete Produkt aus. Allerdings darf der Arzt auch alle 10 Ziffern auf der Verordnung vorgeben.
Die Aufnahme eines Hilfsmittels in das Hilfsmittelverzeichnis beantragt der jeweilige Unternehmer.

Beispiel: Ein Hersteller eines Mittels gegen Kopfläuse möchte, dass sein Nissenkamm erstattungsfähig wird. Er beantragt die Aufnahme in das HilfsM-Verzeichnis. In diesem Fall wurde die

Erstattungsfähigkeit an die Diagnose Kopflausbefall mit gleichzeitiger Verordnung eines Pedikulozids geknüpft (auf einem gesonderten Rezept).

Im Einzelfall kann die KK auch andere HilfsM erstatten, die nicht im HilfsM-Verzeichnis aufgeführt sind und demnach keine Positionsnummer aufweisen. In diesem Fall ist von der KK vorher eine Genehmigung einzuholen. Bei den meisten im Verzeichnis aufgeführten HilfsM ist keine Vorabgenehmigung nötig; die Notwendigkeit einer Genehmigung ist dem HilfsM-Verzeichnis zu entnehmen. Möglicherweise gibt es eine Freigrenze, sodass nur bei ihrer Überschreitung eine Genehmigung durch die KK erforderlich ist.

Beispiel Kathetersets: Es gibt Sets, die Bestandteile aus dem Bereich MedP und HilfsM enthalten. Diese Sets sind nicht im HilfsM-Verzeichnis gelistet, sie besitzen keine HiMi-Nr. Eine Kostenübernahme durch die KK ist nur nach Kostenvoranschlag mit Genehmigung möglich.

2. Die Lieferberechtigung
2.1 Die Lieferverträge

Die Lieferung von HilfsM zu Lasten der GKV darf nur auf der Grundlage von Lieferverträgen erfolgen. Die KK haben hierzu verschiedene Möglichkeiten. Sie können Einzelverträge oder Gruppenverträge oder Beitrittsverträge abschließen. Es kann auch ein Vertrag nach einem Kostenvoranschlag zustande kommen. Auch kassenspezifische Sonderverträge oder Ausschreibungen sind möglich. In die Lieferverträge werden Anforderungen zur Abgabe der jeweiligen HilfsM aufgenommen, wie z.B. eine vorhandene Präqualifizierung bzw. Zertifizierung.

Somit kann eine Apotheke z.B. im Rahmen ihrer Mitgliedschaft in einem Apothekerverband für eine oder mehrere Produktgruppen Vertragspartner der KK sein. Eventuell besteht jedoch ein solcher Vertrag für bestimmte Produktgruppen nicht; dann müsste eine Apotheke einem einzelnen Liefervertrag beitreten – bei bestehender Präqualifikation.

In der Apotheke kann es sich als schwierig erweisen, immer den Überblick zu behalten, welchen Lieferverträgen man beigetreten ist bzw. welche rechtsgültig bestehen.

2.2 Die Präqualifizierung

Alle Leistungserbringer müssen gegebenenfalls ihre Eignung für die Abgabe von HilfsM nachweisen. Man nennt dies die Präqualifizierung, wofür eine Reihe von Voraussetzungen zu erfüllen ist. Es ist ein Antrag bei einer Präqualifizierungsstelle einzureichen. Je nach Produktgruppe gibt es bestimmte Anforderungen. Beispiele wären Sitzmöglichkeiten, ein Beratungsraum, Spiegel, Handwaschbecken oder die Qualifikation der abgebenden Personen. Eine Präqualifizierungsstelle hat zu prüfen, ob der Leistungserbringer die notwendigen Voraussetzungen erfüllt, welche die Versorgung gemäß SGB ermöglichen. Die Zertifizierung ist befristet (für fünf Jahre) gültig, es fallen hierfür Gebühren an.

3. Preise und Genehmigung

Grundsätzlich gibt es bei HilfsM mehrere Möglichkeiten der Preisfestsetzung. Es gibt Festbeträge (eine Mehrzahlung wie bei AM ist auf ausdrücklichen Wunsch des Patienten möglich), Vertragspreise und Versorgungspauschalen. Es sind auch Einzelfallentscheidungen möglich.

Es kann eine Genehmigung auf Basis eines Kostenvoranschlags von der KK nötig sein. Der Antrag ist vorab einzureichen. Es könnte eine festgelegte Genehmigungsfreigrenze (oft 200 oder 250 €) überschritten sein. Oder es gibt keinen festgelegten Vertragspreis.

Somit gibt also zwei Varianten bei Kostenvoranschlägen: Einmal auf Basis eines Liefervertrags, zum anderen wenn die Lieferung durch keinen Vertrag geregelt ist; in diesem Fall gibt es natürlich auch keinen vorher geregelten Preis bzw. Aufschlag.

Beispiel Inhalationsgeräte: Ein Inhalationsgerät ist mit Positionsnummer im Hilfsmittelverzeichnis gelistet. Es hat einen angenommenen Erstattungspreis bei einer KK von netto 260 €. Ab 200 € ist ein Kostenvoranschlag nötig, der von der KK genehmigt werden muss. Ein anderes Gerät mit Positionsnummer hat einen Erstattungspreis von netto 99 €. Eine Genehmigung ist nicht einzuholen. Voraussetzung ist immer, dass die Apotheke dem Versorgungsvertrag beigetreten ist.

Und: Die eine Ersatzkasse erlaubt den Verleih aufgrund eines bundesweiten Liefervertrags durch Apotheken. Eine andere KK könnte die Versorgung ausschreiben, in der Folge käme eine Versorgung durch einzelne Apotheken nicht infrage. Allerdings könnte diese KK die Notfallversorgung in Abhängigkeit von Uhrzeit und Wochentag wiederum ausnahmsweise durch Apotheken zulassen.

Achtung: Die 28tägige Gültigkeit eines HilfsM-Rezepts schließt auch den Zeitraum mit ein, den eine eventuell nötige Genehmigung beansprucht. Sollte der Zeitraum dadurch überschritten werden, ist eine entsprechende Begründung auf dem Rezept anzubringen.

4. Die Abgabe von HilfsM

Um HilfsM zu Lasten der GKV abgeben zu dürfen gibt es zwei unabdingbare Voraussetzungen:
- Der Leistungserbringer muss präqualifiziert sein.
- Der Leistungserbringer muss Vertragspartner der KK sein; es muss ein Liefervertrag abgeschlossen sein.

Für die Abrechnung auf Rezept muss anschließend Folgendes beachtet werden:
- Auf der Verordnung muss im Feld Hilfsmittel die „7" eingetragen sein.
- Für die Konkretisierung und Abrechnung eines HilfsM gibt es zwei Möglichkeiten:
- - Bei der Abrechnung nach § 302 SGB V ist die genaue Hilfsmittelnummer anzugeben.
- - Bei der Abrechnung nach § 300 SGB V wird die PZN angegeben.
- Die Stückzahl muss richtig angegeben werden – und nicht die Anzahl der Packungen (eine Positionsnummer bezieht sich üblicherweise auf 1 Stück).
- Es muss auf jedem Rezept die Diagnose vermerkt sein (auch wenn ein Patient gleichzeitig mehrere Rezepte einlöst). Die Diagnose kann vom Arzt in Worten oder mit einer Indikationsnummer angegeben werden.
- Eine Genehmigung kann nötig sein, wenn der Zeilenwert oder die gesamte Verordnung einen bestimmten Betrag übersteigt. Ein entsprechender Vermerk muss auf das Rezept. Die Genehmigung selbst sollte nicht angeheftet werden, sondern zu Beweiszwecken in der Apotheke verbleiben.
- Der abgerechnete Preis muss dem Vertragspreis bzw. bei nötiger Vorabgenehmigung dem Kostenvoranschlag entsprechen.
- Ein Hilfsmittelrezept ist maximal 28 Tage nach Ausstellung gültig.

- Der Kunde muss den Empfang bestätigen, und zwar von jedem verordneten HilfsM. Dies erfolgt auf der Rückseite mit Datum und Unterschrift. Oft handelt es sich nicht um den Patienten selbst; dann muss „eine berechtigte Person" unterschreiben.

Ergänzungen auf dem Rezept müssen vom Arzt mit Datum und Unterschrift erfolgen.

Die Zuzahlung ist wie bei AM geregelt: Versicherte über 18 zahlen 10 % der Kosten, mindestens 5 und höchstens 10 €.

5. HilfsM zum Verbrauch

Es gibt Sonderregelungen für zum Verbrauch bestimmte HilfsM. Die Zuzahlung beträgt 10 % pro Packung, jedoch maximal 10 € für den Monatsbedarf. Für HilfsM zum Verbrauch ist der Versorgungszeitraum auf dem Rezept anzugeben. Dies betrifft z.B. die Produktgruppen 03 (Pen-Nadeln, Kanülen ...), 15 (aufsaugende und ableitende Inkontinenzversorgung), 19 (Einmalhandschuhe und Krankenunterlagen zum Einmalgebrauch) oder 21 (Blutlanzetten).

Liegt eine Dauerverordnung über mehrere Monate vor, so muss der Zeitraum angegeben sein. Es muss bei der ersten Abrechnung das Original vorgelegt werden, anschließend genügt eine Kopie.

Bei Leihverordnungen ist ebenfalls der Zeitraum anzugeben.

Für Heimbewohner haben die meisten KK im Bereich der Inkontinenzhilfen (Positionsnummer der Produktgruppe 15) gesonderte Verträge abgeschlossen. Apotheken sind diesen Verträgen häufig nicht beigetreten. Die Eigenschaft „Heimbewohner" ist anhand der Adresse jedoch nicht leicht zu erkennen.

6. Pflegehilfsmittel

Pflegehilfsmittel sind Leistungen der Pflegekassen. Bewohner eines Heimes haben keinen Anspruch darauf. Sie werden nur im ambulanten Bereich bewilligt. Es gibt zum Verbrauch bestimmte Pflege-HilfsM, wobei die Ausgaben auf eine bestimmte monatliche Gesamtsumme begrenzt ist. Daneben gibt es technische Pflege-HilfsM, wie z.B. Pflegebetten. Pflege-HilfsM sind bei der Pflegekasse zu beantragen, die zu der jeweiligen KK gehört. Pflege-HilfsM finden sich in den Produktgruppen 50 bis 54.

7. Beispiele

Krankenunterlagen:

Diese werden als Pflege-HilfsM eingesetzt, wenn z.B. als Unterlage beim Waschen bettlägeriger Personen eingesetzt werden. In diesem Fall werden die Unterlagen nicht vom Arzt verordnet. Es muss bei der Pflegekasse z.B. bei der AOK ein Antrag auf Kostenübernahme gestellt werden. Die Genehmigung gelangt in die Apotheke, und der Versicherte wird im Rahmen eines monatlichen Vertragspreises versorgt. Krankenunterlagen bei Inkontinenz gehören jedoch zu den Leistungen der GKV. Es besteht Rezeptpflicht. Die entsprechende AOK kann einen Versorgungsvertrag abgeschlossen haben. Dann können die Krankenunterlagen nur abgerechnet werden, wenn die Apotheke dem Vertrag beigetreten ist.

Verordnung eines Blutzuckermessgerätes:

Es handelt sich um ein HilfsM. Also sind Mischrezepte z.B. mit Insulin oder Teststreifen nicht erlaubt. Es ist die Frage zu klären, ob eine Lieferung zu Lasten der KK überhaupt möglich, d.h. vertraglich geregelt ist. Auf dem Rezept muss eine Diagnose genannt sein.

Verordnung eines automatischen Oberarmblutdruckmessgerätes (incl. Diagnose arterieller Hypertonus mit stark schwankenden Blutdruckwerten):
Für diese Produkte gibt es Vertragspreise, die sich in Anlagen der Lieferverträge finden. Sie sind in der EDV hinterlegt. (Bei anderen Produktgruppen wie z.B. HilfsM zur Kompressionstherapie, Stomaartikeln oder Inkontinenzhilfen gibt es Festbeträge. Diese gelten bundesweit. Sie sind im Internet auf der Homepage des GKV Spitzenverbands abrufbar.)

Verordnung eines konkret genannten Inkontinenzartikels zur vaginalen Anwendung; es ist eine HilfsM-Nummer angegeben, und auch die Diagnose Belastungsinkontinenz:
Es handelt sich um ein HilfsM-Rezept über ein im Hilfsmittelverzeichnis mit einer eigenen Positionsnummer aufgeführtes und damit verordnungsfähiges Produkt. Ein Vertragspreis ist angegeben. In diesem Fall muss neben der Stückzahl auch eine Größe genannt sein.

Verordnung von Einmalkathetern unter Angabe des Durchmessers („Ch") und der Länge bzw. ob für Frauen, Männer oder Kinder und der Stückzahl durch den Arzt:
Falls entsprechende Einmalkatheter in das HilfsM-Verzeichnis aufgenommen sind, sind sie auch erstattungsfähig. Es existiert z.B. ein Festbetrag für die konkrete Ausführung des Katheters.

Bei allen Beispielen gilt: Am Ende muss der Empfang durch den Kunden bestätigt werden.

Abschnitt 12
Preise, Zuzahlungen, Mehrkosten

1. Zuzahlungen
2. Festbeträge
3. Mehrkosten
4. Die AMPreisV

Seit Jahrhunderten werden Abgabepreise in Apotheken mithilfe von Arzneitaxen reguliert. Dies soll den Kunden bzw. Patienten in seiner besonderen Situation vor überhöhten Preisen schützen und den Apotheken eine auskömmliche Gewinnspanne für die Erfüllung ihrer öffentlichen Aufgaben einräumen. Seit der Einführung einer Krankenpflichtversicherung mit Kassenrezept müssen auch die Interessen der Krankenkassen bzw. der Versichertengemeinschaft auf tragbare Beitragssätze berücksichtigt werden.

Diese Situation des Gebens und Nehmens ruht (derzeit) auf drei Säulen:

1. Es gibt für rpAM feste Apothekenabgabepreise.
2. Die Abgabepreise von anderen auf GKV-Rezept verordnungsfähigen Produkten werden im Voraus vertraglich geregelt.
3. Die Versicherten sind an den Kosten zu beteiligen.

Das Rezept, das schon immer von einem Arzt ausgestellt werden musste, dient in der Apotheke als Berechtigungsschein für den Patienten. Grundsätzlich ist zu unterscheiden, ob der Kunde vollständig die Zahlung übernimmt (und er sich gegebenenfalls die Kosten durch eine private Versicherung erstatten lässt), oder ob grundsätzlich eine Art von Kostenträger zuständig ist, und der Versicherte eine Sachleistung bezieht. Dabei kann vom Versicherten oder Anspruchsberechtigten ein Anteil an den entstehenden Kosten

eingefordert werden. Die Kostenbeteiligung verfolgt dabei zwei Ziele. Zum einen sollen die Aufwendungen der Kostenträger verringert werden, zum anderen soll der Eigenbeitrag eine Steuerungswirkung mit dem Ziel einer geringeren Inanspruchnahme von Leistungen entfalten.

1. Zuzahlungen

Die Kassen sind laut SGB V verpflichtet, von ihren Mitgliedern bei einigen Leistungen eine gesetzliche Zuzahlung zu verlangen.

Von der Zuzahlung befreit sind

- Kinder und Jugendliche unter 18 Jahren.

- Schwangere, sofern die Maßnahmen in einem direkten Zusammenhang mit der Schwangerschaft stehen.

- In Härtefällen besteht die Möglichkeit der Befreiung. Nach § 62 SGB V muss die Krankenkasse auf die Zuzahlungen verzichten, soweit sie eine bei dem Versicherten individuell zu ermittelnde Belastungsgrenze übersteigen. Diese beträgt üblicherweise zwei Prozent der jährlichen Bruttoeinnahmen. Bei chronisch Kranken kann die Belastungsgrenze niedriger angesetzt werden. Eine Befreiung muss bei der jeweiligen KK beantragt werden, sie gilt für das laufende Kalenderjahr.

Bei der Versorgung mit Arznei-, Verband- und Hilfsmitteln beträgt die Zuzahlung zehn Prozent vom Apothekenverkaufspreis, mindestens jedoch fünf Euro, höchstens zehn Euro und keinesfalls mehr als die Kosten des Mittels („Rezeptgebühr"). Die Zuzahlung bei AM wird pro Packung erhoben und nicht pro Verordnungszeile.

Auf dem Rezept befinden sich in der linken Spalte zwei Felder mit „gebührenpflichtig" oder „gebührenfrei", welches der Arzt anzukreuzen hat. In der Apotheke muss der Status nicht überprüft werden. Allerdings darf das Kreuz in der Apotheke auf befreit gesetzt bzw. geändert werden, sofern der Kunde einen gültigen (!) Befreiungsausweis vorlegt (plus Doku mit Datum und Unterschrift auf dem Rezept).

Die KK kann beschließen, dass bestimmte Mittel von der Zuzahlung befreit sind, sofern sie deutlich unter dem Festbetrag liegen. Die Anzahl der auf diese Weise von der Zuzahlung befreiten AM ist in den letzten Jahren immer weiter gesunken.

Beispiele:
Falls eine AM-Packung 4 € kostet, dann beträgt die Zuzahlung 4 €.
Falls eine AM-Packung 75 € kostet, dann beträgt die Zuzahlung 7,50 €. Falls eine AM-Packung 150 € kostet, dann beträgt die Zuzahlung 10 €.

Es sei eine N3-Packung zu 60 Stück mit einem Abgabepreis von 120 € verordnet. Diese Packung ist nicht lieferbar. Stattdessen werden 3 x N1 zu je 20 Stück korrekterweise abgegeben, Abgabepreis 3 x 50 €. Als Zuzahlung ergeben sich 3 x 5 = 15 €. Die Zuzahlung ist entsprechend dem tatsächlichen Abgabepreis und der Anzahl abgegebener Packungen zu berechnen.

Zusammenfassung:
Pro Packung wird die Zuzahlung berechnet bei AM, arzneimittelähnlichen MedP oder dem Gesamtwert einer Rezeptur.

Zuzahlung bei Verbandmitteln

Bei Verbandmitteln gelten die gleichen Zuzahlungsregeln wie bei AM, jedoch mit einem Unterschied. Hier ergibt sich die Zuzahlung aus der Verordnungszeile und nicht pro Packung.
Beispiel: Von einem Verbandstoff sind 12 Rollen verordnet. Im Handel befinden sich 2er- und 10er-Packungen. Hier wird der Gesamtpreis dieses Mittels errechnet und daraus die Zuzahlung abgeleitet – unabhängig von der Stückelung.

Keine Zuzahlung fällt an bei Verordnungen zu Lasten
- der BG,
- der Sozialämter,
- Bundeswehr, Bundespolizei.

2. Festbeträge

Gemäß SGB ist der G-BA beauftragt, vergleichbare Gruppen von AM zu bilden, um dafür Festbeträge zu bestimmen. Es werden entweder bestimmte ASte in einer Gruppe zusammengefasst, oder es wird eine Gruppe mit pharmakologisch oder therapeutisch vergleichbaren AM gebildet. Im ersten Fall werden unter einem Festbetrag das Original und die entsprechenden Generika aufgeführt. Beispiele für den zweiten Fall wären die verschiedenen Statine (unter Berücksichtigung der Wirkdosis) oder auch Kombinationen wie z.B. ACE-Hemmer plus Hydrochlorothiazid.

3. Mehrkosten

Die GKV erstattet nur bis zum Festbetrag. Ein den Festbetrag übersteigender Abgabepreis verursacht Mehrkosten (Mehrkosten = Preis minus Festbetrag), die der Patient bzw. Versicherte zu tragen hat. Das gilt auch für Personen, die von der Zuzahlung befreit sind.

Eine Befreiung oder eine nachträgliche Erstattung durch die KK ist bei Mehrkosten nicht möglich.

Auch für OTC-AM können Festbeträge existieren. In der Folge kann es sein, dass ein Apothekenkunde auf Rezept ein erstattungsfähiges OTC-AM erhält, er aber neben einer eventuell fälligen Zuzahlung auch Mehrkosten tragen muss.

Ein erstattungsfähiges nicht-rp-AM kostet 14 €. Der Festbetrag liegt bei 9 €. Demnach muss der Kunde 5 € Zuzahlung plus 5 € Mehrkosten bezahlen.

Einer Schwangeren werden auf getrennten Rezepten Insulin und Eisen verordnet. Nur das Rezept mit dem Eisenpräparat ist als gebührenfrei gekennzeichnet. Der Arzt muss entscheiden, ob eine Verordnung in einem Zusammenhang mit der Schwangerschaft steht. Vermutlich liegt eine schwangerschaftsbedingte Anämie vor, während der Diabetes bereits vor der Schwangerschaft bestanden hat.

Der Fall läge anders, wenn es sich um einen Gestationsdiabetes handeln würde. Dann wäre auch das Insulinrezept von der Zuzahlung befreit.

Sollte das Eisenpräparat einem Festbetrag unterliegen, dann könnte unabhängig von einer Schwangerschaft die Mehrzahlungsregelung wirksam werden.

Ein gegebenenfalls als sinnvoll erachtetes Magnesiumpräparat müsste der Arzt auf einem grünen Rezept verordnet werden. Magnesium ist laut AM-RL Anlage I nur bei angeborenen Magnesiumverlusterkrankungen zu Lasten der GKV erstattungsfähig.

Mehrkosten sind also grundsätzlich von Zuzahlungen zu unterscheiden.

Und: Bei Kostenträgern, für die keine Festbeträge vereinbart sind, gibt es keine Grundlage für die Erhebung von Mehrkosten.

Übersicht zu Zuzahlung/Mehrkosten für AM

Kostenträger	Zuzahlung gem. SGB V	Mehrkosten (Differenz zwischen Apotheken-VK und Festbetrag)
Regionalkasse (AOKs, BKKs, IKKs ...)	Ja	Ja
Ersatzkassen (BEK, DAK, GEK, TK ...)	Ja	Ja
Befreite Personengruppen (< 18 J., gültiger, vorliegender Befreiungsausweis, Schwangerschaft)	Nein	Ja
Postbeamtenkrankenkasse	Ja	Ja
Sozialamt (ohne Asylbewerber)	Ja	Ja
Sozialamt-Asylbewerber	Nein	Nein

Erstattungsbeträge: Für neue, patentgeschützte AM kann In der eventuell keine Festbetragsgruppe erstellt werden. Damit die Kosten für solche AM den Rahmen der GKV nicht sprengen versucht der Gesetzgeber Sonderregelungen zu entwerfen. Beispielsweise sollen die AM einer Nutzenbewertung durch den G-BA unterzogen werden und im Fall eines nachgewiesenen Zusatznutzens angemessen höhere Preise erwirtschaften können. Es werden sogenannte Erstattungsbeträge definiert. Der Gesetzgeber versucht, eine Balance zwischen öffentlicher Finanzierung, Freiheit in der Preisgestaltung und Förderung einer sinnvollen Forschung bzw. des Fortschritts herzustellen.

4. Die AMPreisV

Die AMPreisV regelt Folgendes:
- Die Großhandelszuschläge für FAM.
- Die Apothekenzuschläge:
Der Apothekenabgabepreis in öffentlichen Apotheken ergibt sich aus dem Großhandelspreis plus einem Zuschlag von 3 % plus einem in Abhängigkeit des Großhandelspreises degressiven Festzuschlag. Ferner werden (derzeit) aufgeschlagen: 21 Cent Notdienstzuschlag, 20 Cent für pharmazeutische Dienstleistungen und 8,35 € Fixzuschlag, der allerdings bei Lieferung zulasten der GKV um 1,77 € zu kürzen ist. (Die Mehrwertsteuer bleibt hier unberücksichtigt.)
- Die Apothekennotdienstpauschale, die abgerechnet werden darf: 2,50 € (einschl. Mehrwertsteuer; „noctu"-Zuschlag).
- Pauschale für die Belieferung eines BtM- oder eines T-Rezepts: 4,26 € (einschl. MwSt).
- Falls der Kostenträger zustimmt:
Unvermeidbare Beschaffungskosten.
- Die Berechnungsgrundlage für Rezepturen bzw. die Rezepturzuschläge.
- Die Berechnung für die Herstellung parenteraler Lösungen.

Für die Abgabe saisonaler Grippeimpfstoffe erhält die Apotheke pro Verordnung 1 €, maximal jedoch 75 €.

Im Handverkauf besteht bei nicht-rp AM Kalkulationsfreiheit. Bei OTC-AM, die auf Rezept abgegeben werden, wird der Preis abgerechnet, der sich auf der Basis von degressiven Zuschlagen nach AMPreisV errechnet.

Für Verbandmittel, Teststreifen, Hilfsmittel oder Diätetika gilt die AMPreisV nicht.